日本語どんぶらこ

ことばは変わるよどこまでも

飯間浩明 文　金井真紀 絵

毎日新聞出版

日本語どんぶらこ

ことばは変わるよどこまでも

はじめに

ことばは長い間に変わっていきます。意味も変わるし、発音も変わるし、新しいことばが増えたり、古いことばが消えたりします。

「ことばが変わってはいけない」と考える人もいます。「昔からあることばを大切に使おう。新しいことばはなるべく作らないようにしよう」と言うのです。ことばを大切にすることは私も賛成ですが、ことばを変わらないようにすることは無理です。

ことばは街並みに似ています。街の様子が変わるのは残念な気もします。なじみのレストランが閉店すると、がっかりします。でも、お客が来ないのなら、しかたがありません。また、マンションが多く建つと、「こんなに建てなくても」と思います。でも、その街に住む人が増えているのなら、マンションも必要かもしれません。

ことばも同じことです。ことばは、やたらに変化するのではありません。変化には理由があります。最近の若者ことばだって、使われる理由があります。その理由を考えると、「なるほど、これも必要なことばなんだな」と納得できます。

この本の中では、さまざまな日本語を取り上げます。変わってきたことばはもちろん、面白いことば、ふしぎなことばを取り上げて、「どうしてこんな使い方をするのだろう」「どんな意味があるのだろう」と考えていきます。

それだけではありません。読書感想文を書く方法、人にいやなことをされたときの言い方など、「日本語、ことばに関することなら、何でも考えてみよう」という姿勢で材料を集めました。その結果、おもちゃ箱のようにいろいろな話題が入っています。

もっと内容を整理して、テーマをしぼる方法も考えられるでしょう。でも、日本語のおもちゃ箱を楽しんでほしい、という強い気持ちがあるのです。どうぞ、日本語の思いがけない面白さにふれてください。

飯間浩明

もくじ

第3章 昔からの地名を残してほしい

第4章 身の回りに流行語はあるか？

第1章

読書感想文で批判していい？

季節の終わりはどんな気持ち？

夏《なつ》の終《お》わりはどんな気《き》持《も》ち？

たくさん鳴《な》いたぜ〜
おつかれ〜
あーあ、終《お》わっちゃった。
いみじい…
うむ！やりきった。
まんぞく、まんぞく…

自分の気持ちをことばで表すことは簡単ではありません。思っていることをくわしく言いたいのに、ことばが見つからず、困ってしまった、という経験はありませんか。

たとえば、こんな気持ちはどう表せばいいでしょう。季節が夏から秋へと向かい、だんだんすずしくなり、虫の声も聞こえ始めた。もうすぐ2学期が始まる。そんな季節の変わり目をむかえた時の気持ち。

以前、テレビ番組の制作会社の人から、こう質問されたことがあります。

「小説などで、夏の終わりの気持ちを表現した文章はありませんか」

いろいろと探したあげく、詩人で作家の室生犀星《むろうさいせい》の小説「性に眼覚める頃《ころ》」に、次のような場面があるのを見つけました。

〈夏の終わりから秋の初めに移る季節のいみじい感情が、しっとりと私のこころに重りかかってくるのであった〉

制作会社の人は、「いみじい感情」という部分がとても気に入ったようでした。

「いみじい」とは、昔のことばで「とても悲しい、つらい、困った」などの意味を表します。「しっとりと重りかかってくる」（静かに私の心に重くのしかかってくる）と続けることで、せつなさが際立ちます。

小説を読むと、作者がくふうをこらした感情表現に多く出合うことができます。小説の文章は、気持ちをくわしく表現するための参考にもなるのです。

日曜日が終わるときの気持ち

私が小学生だったころは、一週間のうちで休みの日は日曜日だけでした。土曜日の昼に下校して、「あしたは日曜日だ」と思うと、とてもわくわくしました。

ところが、日曜日も夕方になると、楽しい気持ちはなくなってきます。月曜日の授業の準備をしなくては。まだ宿題ができていないよ……。休日気分はもう終わりです。
大人も同じです。１９８０年代末、「サザエさん症候群《しょうこうぐん》」ということばが広まりました。日曜日の夕方、アニメの「サザエさん」が放送されるころ、「あしたからまた会社だ」と、ゆううつになる気持ちを言います。
夏目漱石《なつめそうせき》の小説「門」の主人公・宗助《そうすけ》も、日曜日の夕方にゆううつになります。〈今日の日曜も、のんびりしたお天気も、もうすでにおしまいだと思うと、少しはかないようなまた淋《さみ》しいような一種の気分が起こって来た〉
はかない、さみしい、というのが、この時間帯の気持ちを表すことばのようです。
村上春樹《むらかみはるき》さんの小説「ＴＶピープル」の主人公は、日曜日の夕方が近づくと、頭がうずく（ずきずきする）のを感じます。そして、こんな音が聞こえてきます。〈ックルーズシャヤヤタル・ックルーズシャヤヤヤタル・ッッッックルーズムムス〉
ちょっと発音できない音ですね。これが、日曜日の終わるときの主人公の気持ちなのでしょうか。どんな気持ちなのかな。

おふろに入ったときの気持ち

「こんなときの気持ちを、ことばで表すとどうなる？」と聞かれると、困ってしまうものです。1つや2つのことばで表すのは、なかなか難しいことが多いですね。

でも、日本語というのはさまざまです。共通語では表現しにくい気持ちが、方言ではうまく表現できることもあります。

たとえば、おふろにゆっくり入っているときの気持ちはどうでしょう。ふつうは「ああ、いい気持ち」「リラックスできる」などと言います。ほかにはないでしょうか。

青森県・北海道などでは「あずましい」を使います。おふろにのんびりつかって、「ああ、あずましいなあ」と言うのです。

「あずましい」は、ひとことで言えば「気持ちがいい」。でも、それだけではありません。「ゆったりする」「おだやかだ」などの意味もふくんでいます。「あずましい」は意味が広いことばなのです。

青森県出身で、短歌や詩などで活躍した寺《てら》山修司《やましゅうじ》は、「あずましい」を標準語（共通語）に絶対ならないことばのひとつに挙げています。彼をふくめて、「あずましい」を愛する地元の人は多いでしょう。

英語には「カンフォータブル」ということばがあります。「心地よく感じる」「気楽な」「くつろいだ」などの意味で使われます。日本語に訳すのは難しいのですが、青森や北海道のことばでは簡単に言えます。「あずましい」と言えばいいのです。

かっこつけてる人、何て言う？

みんなオレを見《み》てるぜ
ふっ べつにうれしくないけどな…
なんだ あいつ。
あれが「うれしげ」ってやつだな…

方言には、共通語で置きかえにくいことばがたくさんあります。自分の気持ちや、印象を表現することばに多い気がします。

私の出身地・香川県にも、そんなことばがあります。よく例に挙げられるのは「へらこい」。意味は「ずるい」ですが、「けちだ」とか「ずうずうしい」とかいう感じもあって、説明が難しいことばです。

では、「うれしげ」は分かりますか。「うれしそう」という意味ではありません。香川では「かっこつけて、いやな感じ」「いい気になっている」という意味で使います。

以前のこと、香川で出版された本を読んでいたら、こんな話がのっていました。

ある男性が、香川出身で東京に住んでいる知人と電話で話していました。野球選手の話になった時、知人が言いました。

「あの選手は、えらそうなと言うか、なまいきと言うか……うまく言えんけど」

知人は、ぴったりした表現が見つからないようです。そこで、男性はたずねました。

「『うれしげ』なんか？」

すると、知人は「あー、それそれ！」と思い当たったそうです（月刊タウン情報かがわ編集部『笑いの文化人講座5』）。

この知人は、かっこつけてる野球選手のことを、なんとか共通語で言おうとして、うまくいきませんでした。この人にとっては「うれしげ」ということばの意味は、共通語には置きかえられなかったのです。

困ったときに「よいじゃない」

子どものころ、母はよく「よいじゃない」ということばを使っていました。たとえば、「この仕事はよいじゃないから……」というふうに使うのです。

「よいじゃない」は「大変だ」「めんどうだ」「いやになる」といった気持ちを表すことばです。「よいじゃない仕事」とは「めんどうで、いやな仕事」

です。

「良いじゃない」ではありません。アクセントがちがっていて、「よいじゃな」まで高くて「い」で低くなるのです。

全国で通じると思っていましたが、辞書になくておどろいたことがあります。実は、母の出身地・埼玉県をふくめ、特に北関東などの地方などで使われることばです。

もっと成長してから、「容易ではない」という表現を知りました。「簡単ではない」の意味で、硬《かた》い文章で使います。「少子化問題の解決は容易ではない」のように。この「容易ではない」が変化して「よいじゃない」になったと考えられます。

私は今でも、仕事が多かったり、スケジュールがきつかったりして困ったとき、「あぁ、よいじゃないなあ」と思います。共通語では置きかえにくいことばです。

共通語だけでは自分の気持ちを表しにくいことがあります。そんなとき、方言を使うと、うまくいくことがあります。自分の出身地以外の方言でもかまいません。わざと使ってみるのも面白《おもしろ》いでしょう。

気持ちはひとことで言いにくい

「今の気持ちをひとことで言うと？」

テレビで、そんなインタビューをしているのを見ることがあります。突然聞かれて「えーと」と困った顔をする人もいます。

気持ちをひとことで言うのは難しいですね。おふろでゆっくりしているときの気持ちを、青森県などで「あずましい」と言うことはすでに書きました。でも、ほかの地方の人は「えーと、リラックスできて、いい気持ち……」と表現が長くなってしまうかも。

どうして、気持ちはひとことで言い表しにくいのか。答えは簡単です。私たちの気持ちは、その時その時で複雑《ふくざつ》に変わるのに、ことばの数は限られているからです。

たとえば、クラスでキャンプに行ったとします。いろいろ経験したのに、これを「○○い」の形で言おうとすると、「楽しい」「うれしい」「面白い」ぐらいしか思いつきません。ことばを知らないから？　いえ、ことばの種類がもともと少ないのです。

私は、無理に表現にこらなくても、楽しい経験をしたときは「楽しかった」と書いていいと思います。ただ、どんなところが楽しかったのかをくわしく書きます。

「ふだんはできない経験ができて楽しかった」「景色のいい場所で思いきり体を動かして楽しかった」……などなど。気持ちをひとことで言えないのなら、ことばを足して具体的に説明すればいいんですね。これは私がいつもやっていることです。

「よかった」に加えることばは？

小学2年生の時、松谷《まつたに》みよ子さんの童話「コッペパンはきつねいろ」を読みました。子ギツネのコンと、ノンちゃんという少女が友だちになる話です。楽しく、ほのぼのとして、かれらのことがいとおしくなります。

その読書感想文が今も残っています。「ここは楽しそうでした」「ここは残念でした」など、短い感想を並べています。まあ、低学年だから、これでもいいでしょう。

気になるのは、「よかった」が何度も出てくることです。困ったノンちゃんをコンが助けてくれた場面では〈よかったと思いました〉。また、コンの望みがかなった場面でも〈よかったと思いました〉。

「よかった」を使ったっていいのです。ただ、それだけでなく、別のことばを加えると、感想をもっとうまく表現できます。

たとえば、「もし」を使ってみます。「もし、コンがノンちゃんを助けてあげられなか

どうして ケーキは
おいしいのか?
クリーム
が甘《あま》い。
スポンジが
やわらかい。
もし イチゴがのって
いなかったら さびしい。

ったら、どうなっただろう?」と仮定してみると、考えがいっそう深まります。

あるいは、「どうして望みがかなったのかな?」というふうに、「どうして~のか」を使ってみるのもいいでしょう。これは、理由を考える表現です。

「楽しそう」「残念」「よかった」など、ひとことだけでは気持ちを十分に表現できません。仮定してみたり、理由を考えてみたりすることで、自分の気持ちをくわしく見つめることができるのです。

友だちが転校すると聞いたとき

仲のいい友だちが転校することになった。そんな経験をしたことがありますか。そのとき、あなたはどう思ったでしょうか。

私にも経験があります。いつもいっしょに帰っていた友だちが引っこすことになったと聞いて、とてもびっくりしました。

でも、私は友だちに「へえ」「本当」としか言えませんでした。「ああそう」みたいなことも言ったっけ。おどろきやさびしさを、ことばで表現できなかったんです。

「びっくりした」「さびしくなるね」と言えばよかったかもしれませんが、それだと、うそっぽい気がしました。取り残されるのがうらめしい気持ちもあったし……。

原田《はらだ》マハさんの小説「でーれーガールズ」では、高校生の鮎子《あゆこ》が、親友の武美《たけみ》の転校を知らされる場面がえがかれています。

教室の前でみんなにあいさつする武美を見ながら、鮎子はどう思ったでしょうか。小説の文章はこうなっています。

〈私はただ、ただをこねてうずくまる子供のように、しかめっ面《つら》をして、涙《なみだ》をこぼすまいと、必死に机の上をにらんでいた〉

「さびしかった」とも「悲しかった」とも書いていません。そんなひとことでは、書き表せないんですね。

気持ちを書く代わりに、そのとき「私」がどうしていたか、行動がそのまま書かれています。これによって、簡単なことばでは表せない気持ちが伝わってくるのです。

気持ちを直接的に書かなくても

小説では「この時、こんな気持ちだった」とはっきり書かないことがあります。

重松清《しげまつきよし》さんの小説「どきどき」では、ある少年が、正月に、クラスの少女から初めて年賀状をもらいます。「今年もよろしく」としか書いていない年賀状です。

少年はどきどきしてきます。もしかして、ぼくのことが好きなのかな？　バレンタインデーにはチョコをもらえるかも？

実は、この小説は、そこまで直接的に少年の気持ちを書いていません。「好きなのかな」「チョコをもらえるかも」とはっきり書くのではなく、それとないせりふや行動で、少年の気持ちを表現しています。

たとえば、バレンタインデー当日。少年はチョコがもらえるか、気になってしかたありません。図工の時間もそればかり考えています。その様子がこう書かれています。

〈海を青く塗《ぬ》る前に、水だけつけた絵筆で画用紙に「今年もよろしく」と書いて、うわ

↑ねこの作文《さくぶん》
ぼくはプールにいった。プールサイドをあるいた。水辺《みずべ》から1メートルのきよりをとって、水《みず》のほうは見《み》なかった。
水《みず》がこわいんだね。
……。

っ、ダメ、バカ、死ね、とあわてて群青《ぐんじょう》色で塗りつぶした〉

　これは、「気になって、絵をかくのに身が入らなかった」ということです。でも、直接的にそう書くよりも、よく分かります。

「この人は、この時、こんな気持ちだった」と説明すると、本当の気持ちとずれてしまうことがあります。むしろ、せりふや行動をていねいにえがくことで、気持ちをうまく表現できるのです。

主人公の気持ちって分かる？

国語のテストで苦手な人が多いのは「この時の主人公の気持ちを書きなさい」という問題です。人の気持ちなんて簡単には分からない。想像して書けばいいのかな。

それは、だめです。国語のテストというのは、あなたが文章をちゃんと読めているかどうかを確かめるためのものです。想像でなく、文章の中から証拠《しょうこ》を見つけましょう。

たとえば、童話の「エルマーのぼうけん」（ガネット作・渡辺茂男《わたなべしげお》訳）で、主人公のエルマーがひそかにねこをかっていることを、母親に知られる場面があります。

〈かあさんは、エルマーをむちでたたいて、ねこをまどからほうりだしました〉

このときのエルマーの気持ちはどうだったでしょう。1、とても悲しくて絶望した。2、ひどいことをされて、すごくおこった。3、落ちこまず、前向きに考えた。

答えは3です。なぜそう言えるかというと、そのすぐ後にこう書いてあるからです。

〈すこしたつと、エルマーは、うちをぬけだしていって、ねこをみつけました〉

ねこをほうり出されて、エルマーは悲しかったかもしれませんが、絶望したとまでは書いていません。おこった様子もありません。ぬけ出してねこに会いに行ったのだから、彼はへこたれていなかったのです。

こんなふうに、テストの答えは必ずどこかに書かれています。このことを知らない人は、けっこう多いみたいですよ。

簡単に書けちゃう「読書メモ」

私は本好きの少年でしたが、読書感想文はあまり好きではありませんでした。ただ、中学のころに読書メモをつけていました。

たとえば、アメリカの作家ヘミングウェイの小説「老人と海」を読んだ時のメモ。〈場面が数シーンしかない。しかし不思議と飽《あ》きず、ひきつけられた〉

何のこっちゃ。「老人と海」は名作なのに、私のメモはたったこれだけです。

チェコの作家カフカの小説「変身」を読んだ時は、〈あまり読みごたえがない〉と書いています。ひどいですね。今は面白《おもしろ》い小説だと思っていますが……。

でも、これでいいんです。このメモは、宿題でも何でもありません。自分の考えたこと、感じたことを、好きに書いたのです。これなら簡単に書けるでしょう。

短い読書メモでも、そのうち上達していきます。内容をうまくまとめたり、感想を的確に書いたりできるようになります。

読書《どくしょ》メモをつくろう
走《はし》れメロス 太宰治《だざいおさむ》
マラソンのはなしかと思《おも》ったけど、だいぶちがった。
吾輩《わがはい》は猫《ねこ》である 夏目漱石《なつめそうせき》
タイトルがいい。

読書メモのいいところは、批判的なことを書いても、だれもおこらないということです。これはとても大事なことです。思ったとおりに書いているうちに、他人の反応を気にせず、正直に書くという習慣ができます。

私が学校の先生なら、読書感想文が苦手だという子には読書メモを書かせるでしょう。「宿題じゃないので、見せなくていいよ。でも、おすすめの本があったら紹介《しょうかい》して」。そんなふうに言うかもしれません。

「分からない」もりっぱな感想

「わからない」をおそれない同盟《どうめい》
主人公《しゅじんこう》のきもちがわからない。
読《よ》んでいるとちゅうから、わからなくなってしまった。
わからないことが多《おお》いことがわかった！

読書感想文はどうして書くのか、考えたことはありますか。宿題だから？　コンクールに入賞するため？　私は、自分の感想を大切に記録するためだと考えています。

当たり前だって？　そんなことはありません。あなたがその本を読んだ時に考えたことは、あなたにしか考えられないことです。たとえ他人にどう思われようと、その感想はあなたにとって大切なものです。

ある中学生に、読書感想文のアドバイスをしたことがあります。その子は宿題で、ちょっと難しい本の感想を書かなければなりませんでした。いちおう全部読んだけれど、あまりよく分からなかった、でも、初めて知ったこともあった、と言います。

「よく分からなかった」「初めて知ったこともあった」というのはりっぱな感想です。どこが分からなかったか、どんなことを知ったか、それをすなおに書けば、本人にとって大切な記録になります。

中学生は、私のアドバイスに従って、感想文を書き上げました。読んだ時の様子がよくえがかれた、とてもいい感想文でした。

残念ながら、学校の先生はその文章をあまり評価しませんでした。「分からなかった」と書いてはいけない、と言ったそうです。

私の意見はちがいます。たしかに、コンクールで上位入賞はしないかもしれません。それでも、自分の気持ちを正直に書くことは、感想文の大切な第一歩なのです。

読書感想文で批判していい？

ももから生《う》まれたなんて
ありえないと思《おも》い
ました。それ
から、ももた
ろうは犬《いぬ》・さる・
きじとなに語《ご》ではなしたの
か気《き》になりました。

本を読んで、自由に感想文を書いていると、時には作品や作者を批判したくなることがあります。これはいいんでしょうか。

批判もあなたの感想の一部です。もちろん、批判を書いてもかまいません。

清水義範《しみずよしのり》さんのユーモア小説「世界文学全集」では、ある大学生が、イギリスの劇作家シェークスピアの作品を批判しまくります。たとえば、「ロミオとジュリエット」は〈かなり無理がある〉〈馬鹿《ばか》な展開になる〉と、厳しいことを言っています。

ロミオとの結婚《けっこん》を許されないジュリエットは、薬を飲んで、一時的に仮死状態になることを決めます。これがあとで悲劇につながります。でも、そんなことをしなくても、さっさとふたりでにげればいいじゃないか――これが大学生の意見です。なるほど。

これはあくまで清水さんが書いた小説なので、大学生の意見もわざと大げさに書かれています。でも、有名な作品でも、読んでみると「あれっ？」と疑問を感じることもあります。「変だ、おかしい」と思ったら、そのことをくわしく書いていいのです。

ただし、その感想を、インターネットなど多くの人が読む場所で発表するときは注意が必要です。その作品が大好きな人もいますし、作者の目にふれるかもしれません。学校の先生に見せる感想文とはちがって、いろいろな人の気持ちを考える必要がありま す。これはプロの評論家でも難しいことです。

「ひびく感想文」を書く秘策

簡単な読書メモを書いたり、思ったままの感想文を書いたりできるようになると、ひとつの欲が生まれます。「自分の感想文を人に見せて、『すごい』と思われたい」という欲です。これは悪いことではありません。

読む人にひびく感想文を書く方法って、あるのでしょうか。実は、秘策があります。それは、本をたくさん読むことです。「何それ、ふざけてるの？」と言われそうですね。いいえ、ふざけてはいません。

多くの人は、感想文の宿題が出たら、あわてて本を1冊選んで読みます。1冊だけでは、自分と相性《あいしょう》がよくないこともあります。それでも、きちんと感想を書くことはできますが、読む人にひびくかどうかは別です。

どうせなら、自分が心から「いいなあ」と思う本について書きたいですね。自分の好きなものについて書いた文章には力がこもり、読む人の心にうったえかけます。

本《ほん》をたくさん読《よ》めば
すごい読書感想文《どくしょかんそうぶん》が
書《か》けるし…
映画《えいが》をたくさん見《み》れば
すごい映画感想文《えいがかんそうぶん》が
書《か》けるし…
アイスをたくさん食《た》べれば
すごいアイス感想文《かんそうぶん》
が書《か》ける!!

心から「いいなあ」と思う本に出合うには、日ごろからたくさんの本を読むことです。人に「しょうもない」と思われそうな本でも、自分がピンときたら読んでいいのです。つまらなかったら「つまらなかった」と読書メモを書いて、次に進みます。

たくさん読むうちに、「これはすごい、最高に面白い」と思う本に、いつかめぐり合います。感想がどんどんわいてきて、文章がすらすら書けてしまう。その文章は、きっと読む人の心にひびくはずです。

本を読んで変わらないとだめ？

みんなに「すごい」と思われる読書感想文を書きたい。そんな人に対し、次のようなアドバイスがあります。『「この本を読んで、自分は変わった』と書くといいよ」

私は、この意見に少しは賛成しますが、あまり無理をしなくてもいいと考えます。本当に本によって自分が変わったのなら、そう書いてもいいのですが、そういうラッキーな体験は、なかなかないからです。

たしかに、コンクールに入賞した優《すぐ》れた読書感想文を読むと、「この本によって、自分の考え方が変わった」と書いたものがあります。考え方だけでなく、行動のしかたまで変わった人もいます。

それは、たとえば、ひとりの恋人《こいびと》と運命的に出会ったようなものです。これはとてもうれしいですね。それで、自然に文章に力がこもり、読む人を納得させます。

でも、日常的に読書をすることは、むしろ、たくさんの友だちを作ることに似ていま

本《ほん》を読《よ》んでちょっと変《か》わった。
ものすごく変《か》わった!と思《おも》ったけれど、すぐにもとにもどった。
人《ひと》はすこしずつ変《か》わっていくんだね…。

す。どんな友だちにも長所があり、自分自身はその長所を少しずつ学んでいきます。「すごい感想文」を書こうと思ったら、まずは、その本のいい所を見つけてください。ちょうど、友だちの長所を紹介《しょうかい》するように、気持ちをこめて文章にしていきます。

自分が変わったとまでは言えなくても、本を読んで大切なことを教えられたり、感じたりすることはあります。そのことを中心に書けばいいのです。

本を読んで「変わった」経験

やこうれっしゃ
おふろやさん
西村繁男
子《こ》どものころから
ずっと好《す》きな本《ほん》。いろんな人《ひと》がいる世間《せけん》にわくわくします。
変《か》わらずに好《す》きな本《ほん》が自分《じぶん》を変《か》える本《ほん》なのかも。
大人《おとな》になったわたし↓

読書感想文で「この本を読んで、私は変わった」と書く必要は、必ずしもありません。私自身、本を読んで自分が大きく変わったと言える経験は、ごくわずかです。

そのわずかな例を話しましょう。中学生の時、『ことばの歳《さい》時記《じき》』という本を読みました。著者は日本語学者の金田一《きんだいち》春彦《はるひこ》。

この本は、季節にちなんだ短い文章を集めたものです。「つらら」の方言や、「ツバキ」の漢字、鳥の名前の不思議など、季節のことばと日本語の面白《おもしろ》さとを結びつけて、あざやかに説明していきます。

この本を読んで、「日本語って面白いな」と改めて感じました。でも、これだけでは、本を読んで変わったとは言えません。

高校や大学に進み、日本語について考えるとき、『ことばの歳時記』の内容を思い出すことがよくありました。この本から多くの知識を得ていたことに気づきました。自分で文章を発表するようになると、日本語について短く面白く書く難しさを感じるようになりました。私は『ことばの歳時記』を教科書に、文章の訓練をしました。

この本がなければ、現在の私の仕事のしかたはちがっていたかもしれません。その意味で、この本は私を大きく変えたのです。

本を読んで自分が変わるかどうかは、すぐには分からないこともあります。何十年もたって、「ああ、この本によって変わったんだな」と気づくこともあるのです。

第2章

誤解された人の味方になろう

「環指《かんし》」とはどんな指のこと？

私たちの体を指すことばの中には、意味の分かりにくいものもあります。たとえば、手の指の名前。それぞれ、どういう意味か説明できるでしょうか。もちろん、親指は太くて親のようだから。人さし指は他人を指さすから。中指や小指も、言うまでもないですね。

では、薬指は？　どうして薬が関係あるのか。国語辞典を見ると、昔はぬり薬をこの指でぬったといいます。ふだんよく使う人さし指と役割を分けたのでしょう。

薬指を「紅《べに》さし指」と言う地域もあります。容器に入れた紅をこの指につけて、くちびるにぬったからです。もし人さし指につけると、あちこちさわってよごしそうです。

東京都中央区の警察博物館に行った時、「協力者指紋《しもん》用紙」というのを見ました。犯人の指紋と区別するため、関係者に指紋を押してもらうための用紙です。

そこには「示指《しし》　中指《ちゅうし》　環指《かんし》　小指《しょうし》　母指《ぼし》」と書いてありました。病院・警察などで

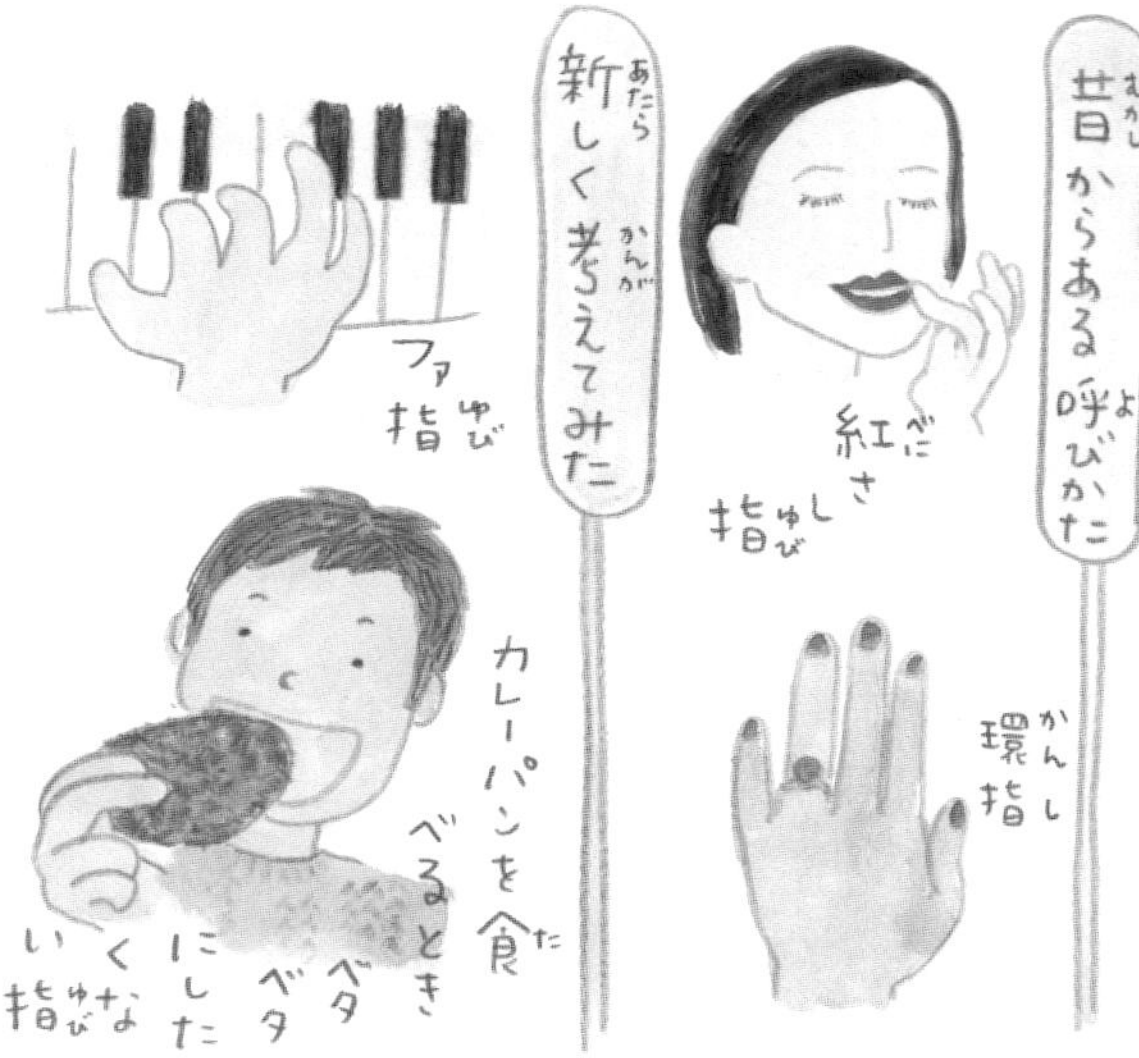

は、こういう言い方をするのです。

「示指」は指し示す指で、人さし指のこと。「母指」は「拇指《ぼし》」とも書きます。「拇」は親指を意味する漢字です。「中指」「小指」は読んで字のごとし（字のそのままの意味）です。

ちょっととまどうのは「環指」。これは何でしょう。「環」は輪の意味。そう、指輪をはめる指で、薬指のことです。薬指にはいろいろな使い方があるんですね。

「食指《しょくし》が動く」と言うわけは

手の指を表す呼び名は、歴史的に見れば、いろいろ変わってきました。平安時代の辞書に、指の古い呼び名がのっています。昔は指を「および」と言っていました。だから、「人さし指」は「人さしのおよび」、中指は「中《なか》のおよび」、小指は「小《こ》および」だったのです。

親指は、見た目から「大《おお》および」と言っていました。そして、薬指はなんと「名無しのおよび」でした。特徴《とくちょう》がなくて、名前がつかなかったのでしょう。

古代中国語の呼び名も日本語に入ってきました。親指は「拇指《ぼし》」（拇＝親指の意味）、人さし指は「食指《しょくし》」、中指は「将指《しょうし》」（将＝大きいの意味）、薬指は「無名指《むめいし》」、小指は「小指《しょうし》」です。薬指は中国語でも名前がなかったらしい。というより、日本語のほうがこの言い方をまねたのでしょう。

人さし指は、食べ物をつまむから「食指」です。実は、これは現代でも使います。

何かをやってみたい気持ちになることを「食指が動く」と言います。たとえば、「新しい仕事を紹介されたけど、あまり食指が動かない」のように使います。

昔、中国に子公《しこう》という人がいました。この人の人さし指（食指）がぴくぴく動くと、なぜかごちそうを食べることができたのだそうです。そこから、食欲が起こることや、何かに関心を示すことを「食指が動く」と言うようになったのです。

頭のあたりを表現することば

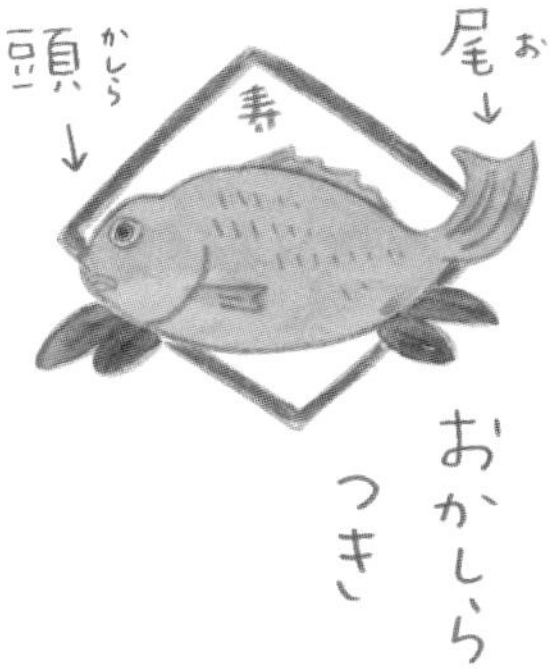
尾《お》
頭《かしら》
寿
おかしらつき

おつむがお留守《るす》

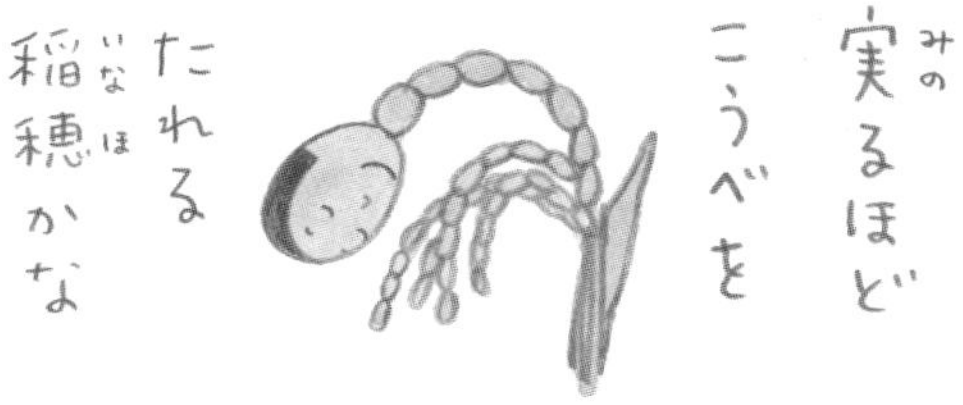
実《みの》るほどこうべをたれる稲穂《いなほ》かな

頭は人間にとって大事なところ。頭のあたりを表すことばにもいろいろあります。

まず、頭全体をさすことばを考えてみましょう。硬いことばとしては「かしら」があります。親分のことを「おかしら」と言うのは、頭の意味から来ています。

「こうべ」とも言います。「しかられてこうべを垂れる」と言えば、反省して頭を下げることです。

ほかに「おつむ」とも言いますね。頭のことを昔「つむり」と言ったからです。また、「かぶり」とも。「かぶりをふる」と言えば、「ちがうよ」と頭をふることです。

頭の一部分にも、あれこれ名前がついています。おこったとき、青筋（青い血管）がうき出る部分は「こめかみ」。左右のまゆげの外側あたり。食事で米をかむとぴくぴく動くので、この名前があります。

では「ひよめき」を知っていますか。赤ちゃんの頭の前側で、さわると少しへこんでいる所。脈を打って動いているのが分かります。ひよひよ動くから「ひよめき」です。これは、成長するとなくなります。

ナゾなのは「ぼんのくぼ」です。首の真後ろ、頭の骨のすぐ下の、少しくぼんだ部分です。「ぼんのくぼ」の「くぼ」はくぼんだ所の意味と考えられますが、「ぼん」は分かりません。漢字で「盆」と書きますが、これは当て字。首の後ろをさわりながら考えても、語源は分からないのです。

「二の腕《うで》」はどの部分をさす？

腕《うで》から手にかけての部分を表すことばにも、意味が分かりにくいものがあります。

私が子どものころ、よく分からなかったのは「二の腕」です。知っていますか。肩とひじの間、トレーニングをすると太くなる部分があります。逆に、運動しないと肉が垂れ下がってしまう。この部分です。「二の腕がたるんできた」などと言います。

『二の腕』とは言わないのに、どうして『二の腕』と言うのか？」と、私はふしぎに思いました。今でもまだふしぎです。一般《いっぱん》には、手首からひじまでを「1」、ひじから肩までを「2」と考えるから「二の腕」なのだと言われます。でも、逆に肩からひじまでを「1」と考えてもいいのでは？

昔の人も、混乱していたらしいです。17世紀の辞書では、肩からひじまでを「一の腕」、ひじから手首までを「二の腕」と書いたものがあります。こっちのほうが、私の感覚に近いかな。でも、「二の腕」を今と同じ意味で使った古い文章もあります。

もっと古くは、数を使わずに表現しました。手首からひじまでを「ただむき」、ひじから肩までを「かいな」と呼びました。これなら、混乱しなくてすみそうです。

「かいな」は今でも残っています。すもうで「かいなを返す」と言います。相手のわきの下からさし入れた二の腕を、回転させるように持ち上げることです。こうすると、相手の体をうかすことができるのです。

「ひざ」はどこからどこまで？

人の「あし」は長いので、単に「あし」と言うだけでは、どの部分のことか、はっきりしないことがあります。

漢字では、くつをはく部分は「足」、その上の長い部分は「脚」と書きます。ただ、太い「大根足」は「足」の字を使います。漢字の区別も、けっこうあいまいです。

「ひざ」という部分も、どこからどこまでをさすか分からないことがあります。「ひざをけがしてしまった」という場合、痛いのはどこでしょうか。

まずは、ももとすねをつなぐ関節の部分かもしれません。つまり「ひざこぞう」です。転んだとき、よくすりむくところです。

または、もっと上の部分かもしれません。ももの前側です。正座したとき、手を置くところ。「ひざまくら」は、この部分に子どもなどの頭をのせてあげることです。

ふたつの「ひざ」のうち、一方は「ひざこぞう」と言えば区別できますが、もう一方

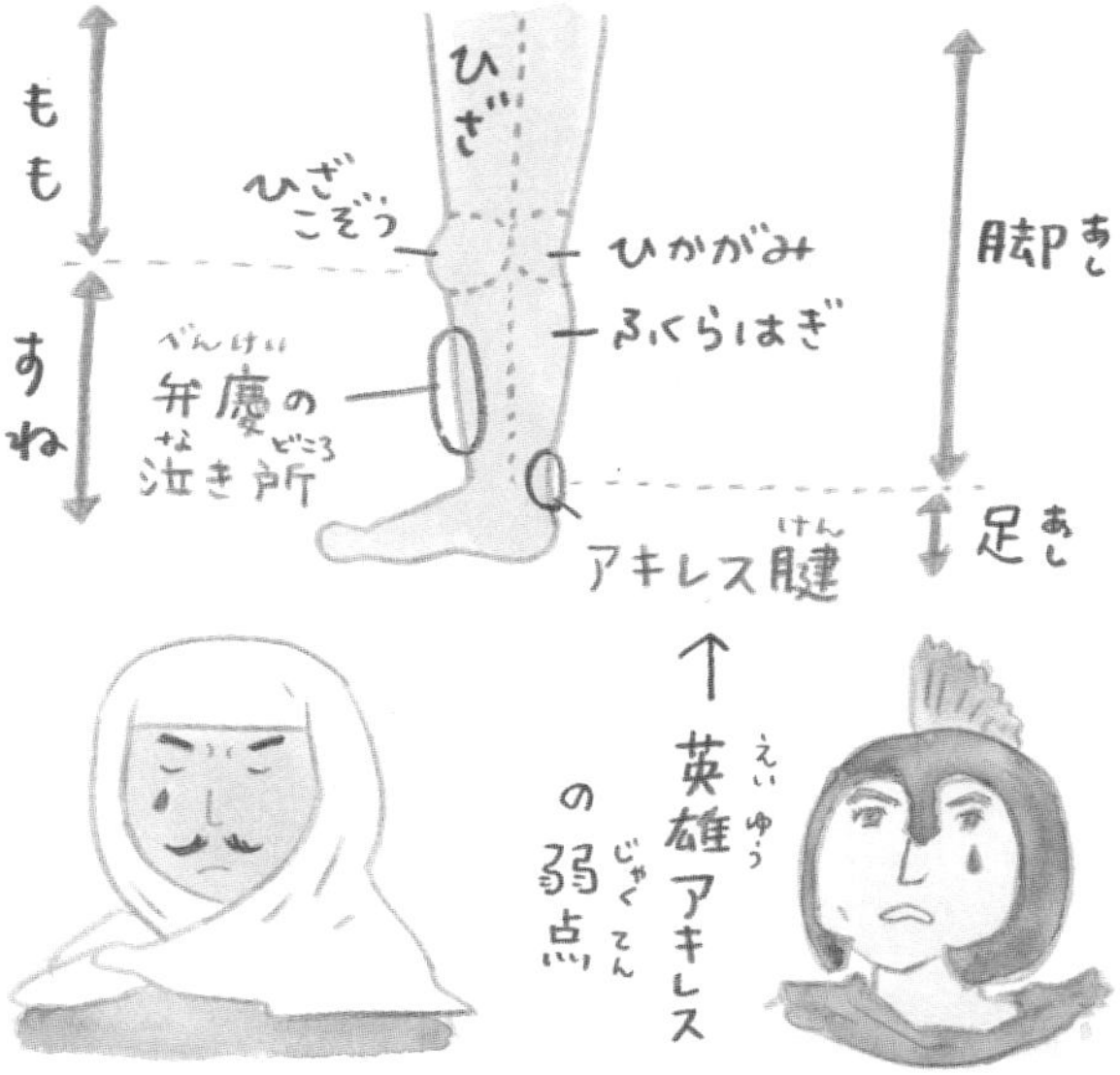

は「ひざ」としか言えず、困ります。とてもまぎらわしいのです。

「脚」は、さらに細かく分かれます。ひざこぞうの後ろ側は、古いことばで「ひかがみ」。これはあまり使いませんね。

すねの前側は「弁慶《べんけい》の泣きどころ」と言います。腕自慢の弁慶も、ここをけられると泣くほど痛いからです。また、すねの後ろ側は「ふくらはぎ」。「はぎ」は、すねの昔の言い方で、「ふくれたはぎ」という意味です。

「肝臓《かんぞう》」や「腸」の別の名前は？

肝臓《かんぞう》や心臓、胃や腸。体の中には、さまざまな内臓があります。昔の人も、そういう知識は持っていました。古い時代の辞書にも、内臓のことが書いてあります。

古代の中国では、内臓のことを「臓」と「腑《ふ》」に分けていました。「臓」は肝臓や心臓、肺など。「腑」は胃や腸など。両方合わせて「臓腑」です。

内臓に関することばは、多くは中国語から入ってきました。でも、古い日本語にも、内臓をさすことばはありました。

たとえば、「臓」のうち、肝臓は「きも」と言いました。今でも、おどろいたときに「きもをつぶす」と言います。ウナギの肝臓のお吸い物は「きも吸い」です。

また、心臓は、古くは「こころ」と言い、「きも」の向かい側にあるものとされました。でも、やがて、「こころ」は思いや気持ちを表すことばになりました。

肺は「ふくふくし」でした。変わった呼び名ですが、「ふくふく」はふくらむ様子を表します。肺には空気が入ってふくれるので、そう言ったのでしょう。

一方、「腑」のうち、腸は「わた」と言いました。大腸は「はらわた」、小腸は「ほそわた」。今でも、いかりが強いとき、「はらわたがにえくり返る」と言います。

では、胃は何と言ったでしょう？　口に出しにくいのですが、「くそぶくろ」と言いました。あまりにもひどい名前ですね。

俳句の中には「季語」がある

去年今年《こぞことし》貫《つらぬ》く棒の如《ごと》きもの

こんな俳句を知っていますか。意味は、「去年と今年とをつらぬき通す、棒のようなもの」ということ。何のことだろう。これで俳句と言えるのでしょうか？

俳句は5・7・5の合計17音で作る短い詩です。先ほどの「去年今年……」は、たしかに5・7・5の音《おん》になっているので、俳句の条件のひとつは満たしています。

ただ、音の数が合っているだけでは俳句になりません。春・夏・秋・冬・正月のどれかの季節を表すことばを使う必要があります。このことばを「季語」と言います。

先ほどの作品には、季語は使われているのでしょうか。ちゃんと使われています。この作品は、やっぱり俳句と言っていいのです。では、どれが季語だか分かりますか。

答えは「去年今年」です。「去年」も「今年」も、一年中使うことばですが、年の移り変わりを特に感じるのはお正月です。「去年今年」は、正月の季語なのです。

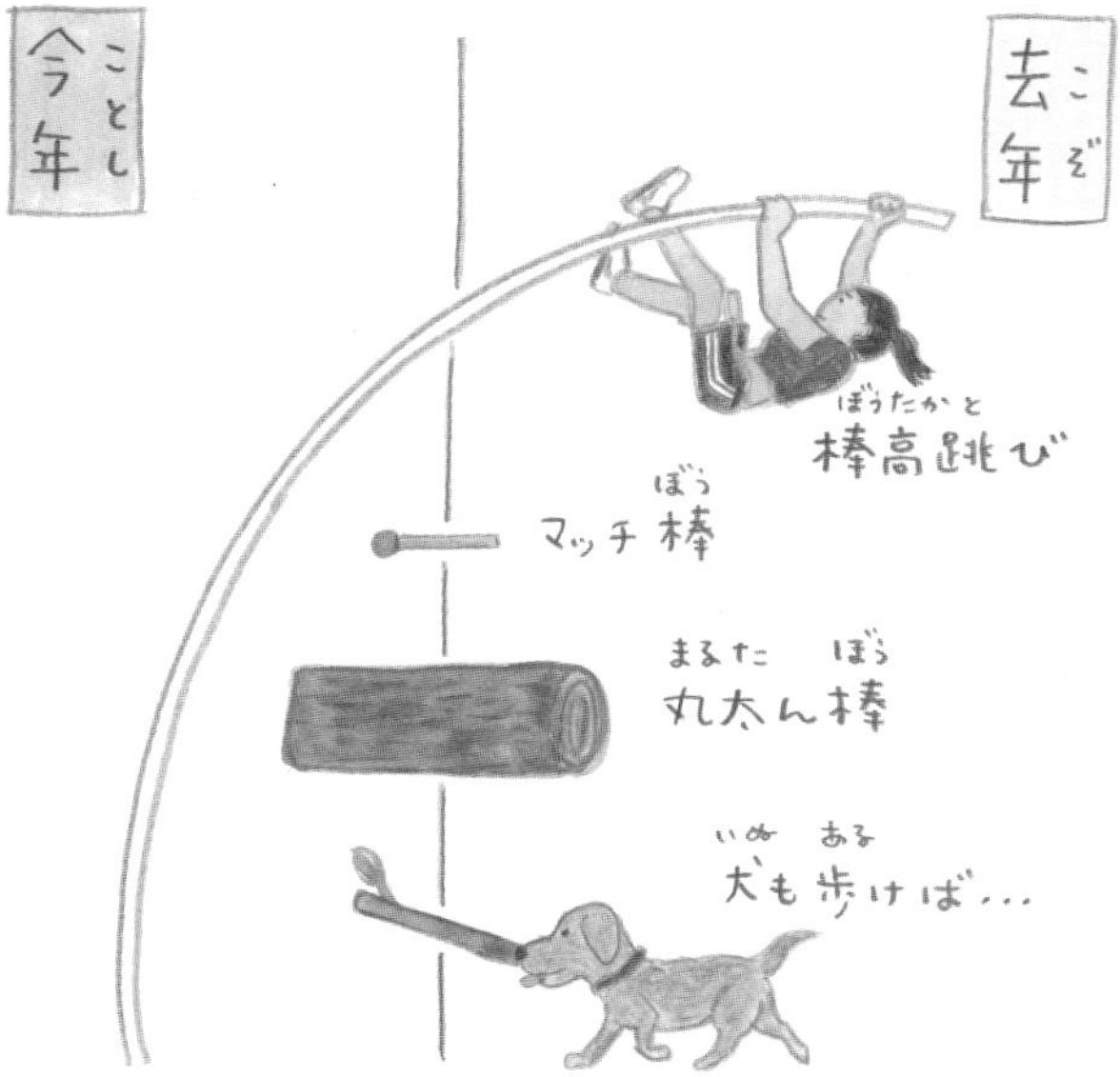

季語の中には、季節がすぐには分かりにくいものがあります。「去年今年」もその例ですが、よく味わってみると分かります。

　この俳句の作者は、明治から昭和にかけて活躍した高浜虚子《たかはまきょし》です。「年が変わっても、去年と今年を棒のようにつらぬく、変わらないものがある。それは世の中にもあるし、自分の中にもある」。虚子はきっとそう感じて、この俳句を作ったのでしょう。

山が「笑う」のはどの季節？

俳句の季語のうち、どの季節を表すか分かりにくいものは、いろいろあります。

山笑ひ《イ》人群衆《ひとくんじゅ》する御寺《おてら》かな

これも高浜虚子の俳句です。「山が笑う表情を見せていて、人々がおおぜい集まったお寺のにぎやかさといったら！」という意味だと受け取れますが、季節はいつ？　手がかりになる季語はどこでしょうか。

「山」「笑ひ」「御寺」など、どのことばも季節とは関係なさそう。「群衆」はふつう「ぐんしゅう」と読み、人が集まることですが、どの季節でも人は集まりますね。

実は、「山笑ひ」の部分が季節を表しています。「山笑う」は春の季語なのです。山には四季折々の表情があります。木々の緑がしたたる夏は「山滴《したた》る」。もみじでよそおう秋は「山粧《よそお》う」。冷たく暗い冬は「山眠《ねむ》る」。そして、美しい花がさき始める季節は「山笑う」というわけです。

山が笑っているところなんて、見たことがありません。でも、山の四季の表現は、昔の中国の郭熙《かくき》という画家が書いた文章がもとになっています。中国語では「笑」には花がさく意味があるので、山が笑っても、べつに変ではないのです。

先ほどの虚子の句をもう一度味わってみましょう。ようやく春になって、山が笑った表情を見せるころ、お寺で行事があり、人々がおおぜい集まっている。そのざわめきにうき立つ気持ちが伝わってきます。

「ふとん」にだって季節感がある

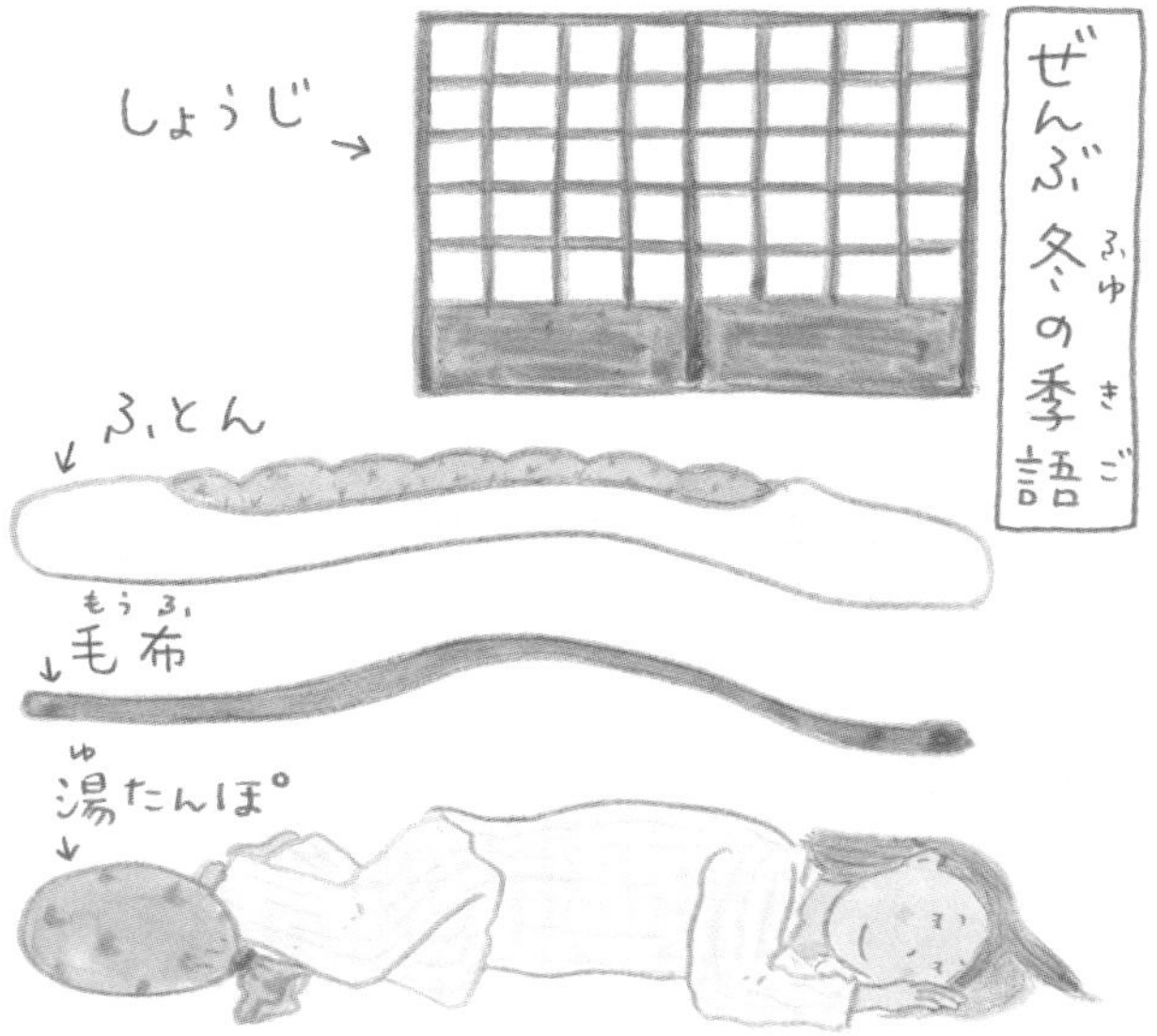

少年時代を過ごした香川県高松市では、北東方向に屋島《やしま》という山が見えました。

屋島は、てっぺんが屋根のように平らな、ちょっと変わった形の山です。遠くから見ると、人がふとんを着てねているようです。

ふとん着て寐《ね》たる姿や東山《ひがしやま》
（ふとんを着てねた姿だな、東山は）

こんな俳句があるのを知った時、これは屋島のことかな、と思いました。

でも、ちがいました。江戸《えど》時代の俳人・服部嵐雪《はっとりらんせつ》が京都の東山をよんだ句です。なだらかな形の東山を見て、嵐雪は、ふとんにねている人を連想したんですね。

ところで、この俳句にも、もちろん季語があります。何だと思いますか。

そう、「ふとん」です。では、季節はいつでしょう。ふとんは一年中使うはず。夏はタオルケットの人もいるかもしれませんが、夏ぶとんもあります。

実は、「ふとん」は冬の季語です。エアコンのきいた部屋でねていると、もうひとつピンと来ません。でも、昔の人にとって、冬の暖かいふとんのありがたさは、今よりもずっと強く実感されたでしょう。

生活の変化とともに、季語の表す季節感がはっきりしなくなることがあります。「ふとん」もそうだし、最近では「マスク」がそうです。アレルギー対策などで一年中使うようになるまで、マスクは主にかぜ対策に使いました。これもやはり冬の季語です。

「朝寝《あさね》」は一年中ではないの？

小学生のころ、朝が来ると母に起こされるのがいやでした。まだねむいのに、もう学校に行かなければならないの？

毎朝、好きなだけ寝《ね》ていたい。そんな生活ができたら、どんなにいいだろう。

実は、そんな生活をよんだ俳句があります。昭和に活躍《かつやく》した松本《まつもと》たかしの句です。

毎日の朝寝とがむる人もなし

たかしは体が弱く、寝ていることが多かったのです。毎日ひとりで朝寝（朝寝ぼう）をしても、とがめる（しかる）人もいない。でも、これだとさびしいですね。

この俳句の季節はいつでしょうか。朝寝なんか一年中いつでもできそうですが、一番似合うのは春です。

昔から「春眠《しゅんみん》、暁《あかつき》を覚えず」と言います。春の夜は短いので、暁（夜明けのころ）になったのも気づかず、気持ちよく寝てしまうのです。「朝寝」は春の季語です。

モットーは、毎日《まいにち》朝寝《あさね》。
春《はる》の季語《きご》
夏《なつ》の季語《きご》
趣味《しゅみ》、昼寝《ひるね》。
特技《とくぎ》は二度寝《にどね》です。
季語《きご》ではない

一方、「昼寝」となると話が変わります。昼寝だって一年中できるはずですが、俳句では夏の季語とされています。

暑い夏の夜。冷房もなかった昔は、ぐっすり寝ることができませんでした。朝起きても、なんとなく睡眠《すいみん》不足。そこでついつい、昼寝をしてしまうんですね。

秋になると、夜以外に寝る必要がなくなります。すずしくなって、仕事もしやすい。そこで、夜おそくまで仕事をする「夜なべ」が、秋の季語になっています。

「夕焼け」が印象に残る季節

初虹《はつにじ》
春《はる》になって
初《はじ》めて出《で》る虹《にじ》のこと。
一年《いちねん》に一回《いっかい》しか
使《つか》えない春《はる》の季語《きご》。

夕方、地上が夕焼けで真っ赤に染まり、思わず息をのむことがあります。

牧《まき》の牛闘牛《とうぎゅう》のごとく夕焼《ゆうやけ》す

これは、大正・昭和時代の俳人・山口青邨《やまぐちせいそん》がイギリスをおとずれた時の俳句です。牧場の静かな牛たちが、真っ赤な夕焼けに染まっています。その様子が、まるで闘牛でも始めそうに見えたのです。

「夕焼け」は、俳句では夏の季語です。たしかに、印象に残る夕焼けは夏に多いかもしれません。夏は日が長く、夕焼けの時間も長くなるのです。

でも、ほかの季節にも夕焼けは見られます。春や秋にきれいな夕焼けを見たとき、俳句によんではいけないのでしょうか。

そんなことはありません。それぞれ「春の夕焼け」「秋の夕焼け」「冬の夕焼け」と言って、俳句によむことができます。ちょっとずるい気もしますね。

「虹」も同じく夏の季語です。日が長いなど、虹のできる条件がそろいやすいのです。では、ほかの季節に虹を俳句によみたいときはどうするかというと、やっぱり「春の虹」「秋の虹」「冬の虹」と言います。

お月さまも一年中見られますが、一番きれいでおもむきがあるのは秋です。お月見をする時季ですね。「月」は秋の季語です。

ほかの季節に月を俳句によみたくなったら？　もう分かりますね。そう、「春の月」「夏の月」……と言えばいいのです。

「季語」はどうやって決まる？

一句《いっく》できました
万白《ばんはく》の中《なか》に
ボクの歯《は》
かくしたよ
万緑《ばんりょく》は季語《きご》だけど 万白《ばんはく》なんて聞《き》いたことないね…

俳句をよむとき、季節を表す「季語」を入れるということはよく知られています。季語にとらわれない「無季」の俳句もあるのですが、これは少数派です。

季語はどうやって決まるのでしょう。べつに「季語決定委員会」といったものはありません。季節感のあることばが俳句に取り入れられ、使われるうちに、季語として認められるようになるのです。

季語は、俳句が生まれる前からありました。今から400年以上前、決まった字数の句を何人かで続けて長い歌を作る「連歌《れんが》」がさかんでした。里村紹巴《さとむらじょうは》という人は、連歌の季語を270語以上書きとめています。

そのすぐ後、江戸《えど》時代に俳句が生まれてからは、季語の数がどんどん増えました。何千語もの季語が集められたといいます。

現在はどうでしょうか。ある歳時記（季語を集めて、俳句の例を示した本）の季語を、私自身で数えてみました。すると、7000語をこえる季語がのっていました。

当然、中には新しい季語もあります。

万緑《ばんりょく》の中や吾子《あこ》の歯生《は》え初《そ》むる

これは中村草田男《なかむらくさたお》が1939年に発表した俳句です。「万緑」、つまり一面にしげる緑の中で、幼いわが子の歯が生え始めたという喜びをよんでいます。

この「万緑」はわりあい新しい季語です。草田男が俳句に使ったことから、夏の季語として一般的になったのです。

カタカナことばも季語になる

俳句の季語の一覧を見ると、季節がしみじみと感じられることばが並んでいます。その大部分は昔からある日本語です。

ところが、季語の中にはカタカナで書かれる外来語もふくまれています。

スケートの真顔なしつゝ《っ》たの
しけれ

山口誓子《やまぐちせいし》が1932年に発表した俳句です。スケート場では、だれもが一生懸命《けんめい》、真顔になってすべっています。「真顔なしつゝたのしけれ」とは、「真顔をしているが、とても楽しいのだ」という意味です。

この句の季語は何かと考えてみると、「スケート」以外にはありません。「スケート」は英語から入った外来語ですが、冬を表す季語になっているのです。

スポーツでは、ほかに「スキー」「ボブスレー」「ラグビー」なども冬の季語です。高校や大学のラグビー大会は冬に行われます。また、「プール」「サーフィン」「ナイター」などは夏の季語です。

それから、身近なことばとしては、「レタス」「アイスクリーム」「レモン」「カーペット」なども季語として使われます。それぞれ、春・夏・秋・冬の季語です。

もっとカタカナの季語を増やしてもいいと考える人もいます。たとえば、「ダイエット」は薄着になるころに始める人が多いので、夏の季語、というふうに。ただし、もし季語を増やすのなら、味わい深いことばでなければならないでしょう。

「いやだ」と言えないときは

あぶらあげをうばうとんび
セミをくわえてもってくるねこ
困《こま》ります!
困《こま》ります…

人にいやなことをされる、またはされそうになる。そんな事態になったら、どうしよう。「いやだ!」と強く抗議《こうぎ》できるならいいけど、ふつうは言えないことが多いですね。

もし、道で見知らぬ人物に服をつかまれたら、大声でさけぶか、防犯ブザーを鳴らす。さらに、全力でにげるか、近くの店に飛びこむ。これで不審者《ふしんしゃ》はひるみます。

ただ、いやなことをする人物は、なにも不審者ばかりではありません。相手がごく身近な人、たとえば、学校の先輩《せんぱい》や同級生だったら、どうしますか。

小学生のころ、「ドラえもん」のジャイアンのような、こわい先輩がいました。ある夏、私が水筒《すいとう》を持って歩いていたら、その先輩が「水を飲ませろ」と言うのです。

飲ませてあげてもいいけど、今日は暑いし、水が足りなくなるかもしれない。でも、こわい先輩なので、「いやだ」なんて言えません。私はしぶしぶ水筒を差し出しました。

今思うと、こんなときは「いやだ」の代わりに「困る」と言えばよかったのです。「困ります、もう残り少ないんです」と。

相手は、害をあたえるつもりがなくても、結果としてあなたを困らせていることがあります。「困ります」と言えば、そのことに気づいてくれるかもしれません。

相手がそれでもしつこく言ってきたら、どうするか。そのときは、やっぱりあれですね、全力でにげてしまいましょう。

やめさせたいとき、どうする？

他人に対し、平気でいやがらせをする人がいます。自分自身が被害《ひがい》にあった場合、「困ります」と答えたり、にげたりする方法があります。では、ほかの人が目の前で被害にあっていたら、どうしますか。

「いやがってるだろう、やめろよ」

こんなふうに相手に注意できる人は、とても強い人です。でも、自分のほうが弱かったら、「やめろ」なんて言いにくいですね。相手をカーッとさせるかもしれないし。

私が電車に乗っていた時のこと。2人の高校生女子が、こわそうなおっさんにからまれていました。おっさんは大声で、2人にわけの分からない文句を言っています。

私は少しはなれた所にすわっていましたが、思わず立って、おっさんに近づいて行きました。私だって「やめろよ」とは言えません。代わりに、こうたずねました。

「どうしました？」

実に、まぬけな質問です。ところが、おっさんは急に「いやあの……」と小声になり、その場は収まってしまいました。

あなたが大人に対し、これと同じことをするのは危険です。でも、同級生をいじめている子に対して、とぼけたふりで「どうしたの」と聞いてみるのはひとつの方法です。

相手は「いや、こいつが……」と答えているうちに冷静になるかもしれない。もし、ならなくても、このすきに、いじめられている子がにげることだってできるのです。

大声で抗議《こうぎ》してもいいのかな

中学生の時、特別教室でみんなとテーブルを囲んで授業を受けていました。ふと、テーブルの向かい側の友だちがこっちに手をのばし、私のノートを取り上げました。

私は困ってしまいました。小声で「返してくれよ」と言ったって、返してくれる相手じゃないんです。かといって、授業中に大きな声を出すわけにもいかないし。

いや、本当にそうでしょうか。ノートがなければ授業が受けられないのです。もし、大声を出して先生にしかられても、私はきちんとわけを説明できると思いました。

私は友だちに向かって「返せ」とさけびました。教室が一瞬《いっしゅん》、しんとしました。友だちは、びくっとして、ノートを投げて返しました。先生はそのまま授業を続けました。

今でも、私はあの時の行動はまちがっていなかったと思います。たしかに、授業中は静かにしなければなりません。でも、自分が被害《ひがい》にあっているとき、そのことをはっきり周囲に知らせることのほうが大切です。

困っている人が抗議《こうぎ》の声をあげると、「その言い方が悪い。礼儀《れいぎ》正しくない」と批判されることがあります。そんな批判のことを「トーンポリシング」と言います。

でも、困っている人は、その状態から早くぬけ出さなければなりません。そんなときは、大声の抗議も許されるはずです。私がもし中学の先生だったとしても、抗議した生徒をしかることはないと思います。

「トーンポリシング」は後回しに

いじめや差別《さべつ》に
おこって、思《おも》わず
どなった人《ひと》がいます。
だまれ、このタコ！
そんな
言《い》い方《かた》は
いけない。
ことばが
下品《げひん》です。
タコに
失礼《しつれい》だ。
タコについての議論《ぎろん》
は後《あと》にしましょう。

「おい、助けてくれ！」と救いを求めている人に対して、「そんな言い方は失礼だ」と批判する。そういう批判のことを「トーンポリシング」と言うことは説明しました。

「トーン」は声の調子。「ポリシング」は取りしまりで、「ポリス」（警察）と関係があることばです。つまり、困っている人の物の言い方を取りしまるのです。

困っている人は、気持ちが高ぶって強い言い方をすることもあります。でも、それが失礼かどうかは、後で議論しましょう。まずは、その人を助けるのが先です。

子どもを保育園にあずけて働こうとしている母親がいました。ところが、保育園の数が足りなくて、その子は入園できませんでした。本当なら、希望する子どもは全員保育園に入れなければいけないはずなのに。

母親は、絶望のあまり「保育園落ちた日本死ね」とブログに書きました。これが話題になり、保育園に入れない子がたくさんいることを、みんなが知るようになりました。

一方で、「『死ね』とはなんだ、ひどいことばだ」と、母親に対する強い批判が起こりました。あまりにも批判が強すぎて、保育園の問題がかすんでしまうほどでした。

私も「死ね」ということばはいけないと思います。でも、それを困っている人に言うのは後回しにすべきです。トーンポリシングよりも先に、相手の話を聞き、自分に何ができるかを考えることが大事です。

誤解された人の味方になろう

まだ若い大学院生だったころのこと。大学の教室で、小さな研究発表会が開かれました。私は先輩《せんぱい》や先生の前で、日本語に関するちょっとした研究を発表しました。

私自身は、面白い発見をしたと思って、得意になって発表しました。でも、聞いていた人たちはあまり興味を感じない様子でした。質問の時間になると、私の発見とは関係のない部分にばかり批判が集まりました。

その時、ある先輩が立って言いました。

「私は面白い発表だったと思います。みなさんは、彼《かれ》の発表を誤解していますよ」

だれにも理解してもらえないと思っていた私はおどろきました。先輩は、私が本当に言いたかったことを代わりに説明してくれました。すごくうれしかったですね。

その時の私は、言いたいことを整理して伝えることができませんでした。私は力不足でした。でも、先輩が「彼はこういうことを言いたいのです」と助けてくれたおかげ

で、批判をまぬがれることができました。

言いたいことをうまく伝えられず、誤解されたり、批判されたりする人がいます。本人は「そんなことを言いたいんじゃないのに」と、くやしく思っています。

もし、身近な人が誤解されていたら、ぜひ味方になってあげてください。本人の発言をよく聞いて、「この人は、こういうつもりで言っているんだよ」と弁護できる人は、みんなから信頼《しんらい》されるでしょう。

第3章

昔からの地名を残してほしい

首都を「キーウ」と呼ぶわけは

ロシアによるウクライナ侵攻《しんこう》が2022年から続き、大きな悲劇をもたらしています。ロシア軍は当初、ウクライナの首都キーウにまでせまりました。

キーウという都市は、多くの日本人には「キエフ」という名前でおなじみでした。でも、ロシアによる侵攻の後、日本政府は「キーウ」と呼ぶようになり、新聞やテレビもそれにならいました。

キエフという都市が「キーウ」に名前を変えたわけではありません。もともと、ロシア語では「キエフ」、ウクライナ語では「キーウ」でした。日本政府はウクライナ政府の希望を聞いた上で、ウクライナ語で呼ぶようにしたのです。

以前は、ロシアもウクライナもソビエト連邦《れんぽう》（ソ連）という国の一部でした。ソ連では主にロシア語が使われたので、日本でもウクライナの地名をロシア語で呼びました。

このソ連は1991年になくなり、ウクライナは独立しました。でも、日本ではウク

ライナの地名の呼び方はそのままでした。今回のロシアによる侵攻に際して、ようやく日本でも「ウクライナの地名はウクライナ語で呼ぼう」ということになったのです。

86年に原子力発電所（原発）で大事故があったウクライナ北部のチェルノブイリも、日本政府は「チョルノービリ」と呼ぶことにしました。ただ、原発の話題では「チェルノブイリ」が分かりやすいためか、メディアによって呼び方が分かれています。

呼び方が新しくなった国

ガウマルジョス
გაუმარჯოს
（かんぱい！）
ジョージアの文字《もじ》
国名《こくめい》が変《か》わっても
かわいい文字《もじ》は変《か》わらない！
タミン　サーピー　ビーラー
ထမင်းစားပြီးပြီလား
（ごはん食《た》べた？）
ミャンマーの文字《もじ》

日本では、ウクライナの首都をロシア語の「キエフ」でなく、ウクライナ語で「キーウ」と呼ぶようになりました。同じく、昔はロシア語で呼んでいたのに、今は呼び方が変わった国があります。ジョージアです。

ジョージアも、ロシアやウクライナと同様、昔はソビエト連《れん》邦《ぽう》（ソ連）という国の一部でした。当時、ジョージアはロシア語で「グルジア」と呼ばれていました。

やがて、それぞれの国は別々に分かれました。ところが、２００８年のこと、ロシアはグルジアに対して侵攻《しんこう》（攻《せ》めこむこと）をしかけました。それ以後、グルジアは、国名をロシア語ではなく英語で「ジョージア」と呼んでほしいと望むようになりました。今では、日本もこの国を「ジョージア」と呼んでいます。

「これまでの呼び方を改めてほしい」と外国に求めた国は、東南アジアにもあります。ミャンマーがそうです。

この国の人々は、自分たちの国を「バマー」または「ミャンマー」と呼びます。どちらでもいいのですが、英語では「バーマー」、そして日本語では「ビルマ」でした。

ところが、この国では１９８８年に軍隊が政権をにぎり、その後、「英語でも『ミャンマー』と呼ぶように」と求めました。

それ以来、日本でも「ビルマ」をやめて「ミャンマー」と呼んでいます。ただ、軍隊によって急に呼び方が変えられたことを批判する人が多かったのも事実です。

昔はレニングラード、今は？

その国の人々が、自分たちの都市の名前を変えることがあります。有名なのは、ロシア北西部の都市、サンクトペテルブルクです。ずっと昔は「サンクトペテルブルク」「ペトログラード」などと言いました。

その後、今から約100年前、ロシアは他の国とともにソビエト連邦《れんぽう》（ソ連）という国を作りました。最初の指導者はレーニンでした。彼《かれ》の死後、その名前を記念して、この都市は「レニングラード」になりました。

ところが、ソ連は1991年になくなり、ロシアの人々はソ連時代のものに別れを告げました。各地のりっぱなレーニンの銅像はたおされました。都市の名前も昔の「サンクトペテルブルク」にもどったのです。

東南アジアの国、ベトナムの最大の都市はホーチミンです。ここは、昔は「サイゴン」と言っていました。

ボスねこが代《か》わり
坂《さか》の名前《なまえ》も変《か》わった。
旧《きゅう》 レーニャン坂《ざか》
現《げん》 プーニャン坂《ざか》
レーニャン
2008～2019
プーニャン 2019～

ベトナムでは50～70年代、悲惨《ひさん》な「ベトナム戦争」が続きました。国が北と南に分かれて争い、多くの犠牲《ぎせい》者が出ました。

75年、北側が国全体の支配権をにぎり、戦争は終わりました。北側の指導者はホー・チ・ミンという人でした。彼は戦争中に亡《な》くなりましたが、人々の支持を集めていました。終戦後、都市の名前は、彼にちなんで「ホーチミン」に変わりました。

地名の変更《へんこう》には理由があります。サンクトペテルブルクやホーチミンのように、世界の歴史を映していることもあるのです。

「江戸《えど》」がどうして「東京」に？

日本の都市の中にも、古くから使われてきた地名を新しく変えた所があります。最も代表的な例は東京です。江戸《えど》幕府がほろびた後、新しく天皇が国を治めることになりました。江戸は「東京」と名前を変え、そこに明治天皇が移って来ました。

江戸の人々は、長く「江戸」という地名に親しんできました。今さら変えなくてもよさそう。でも、これまで天皇のいた都を「京」（京都）と呼んできたので、天皇が新しく住む所も「東の京」、つまり「東京」と呼ぶことにしたのです。たしかに、「江戸」のままでは都になった感じがしません。

東京は、初めは「とうけい」と読むことも多くありました。「京」には「京浜《けいひん》工業地帯」など「けい」の読みもあります。でも、次第《しだい》に「とうきょう」になりました。

大阪は、古代は「なにわ」と呼ばれ、「難波」などと書きました。この「なにわ」にあった地名「小坂《おさか》」が、後に「大坂《おおさか》」（「おおざか」とも）になりました。

東京《とうきょう》には今《いま》もたくさんの江戸《えど》がある。
江戸前《えどまえ》ずし
六本木方面《ろっぽんぎほうめん》
ちかてつ大江戸線《おおえどせん》
江戸っ子《えどっこ》
一番

「大坂」は「大阪」とも書きました。「阪」は「坂」の元の字で、どちらで書いてもよかったのです。明治時代には、教科書などで「大阪」と書くようになり、「大坂」の表記は少なくなっていきました。

「坂」は「土に反《かえ》る（＝返る）」になってしまうので「阪」のほうがいい、という説が江戸時代の本にあります。こじつけですが、そう考えた人が多かったのかもしれません。

「県」の名前のつけ方のふしぎ

たかまつ!
ええと…
みと!
かなざ…
わん
こうべ、
やな
Tigers
県庁所在地《けんちょうしょざいち》をあげていくゲーム!
ひまなとき、なにも持《も》っていなくてもできるよ。
うまくできたら、つぎは国《くに》の名前《なまえ》をあげてみよう。「韓国《かんこく》、フランス、エジプト、インド…」

江戸《えど》が「東京」になって少し後の1871（明治4）年、全国に「県」が生まれました。江戸時代の日本は「藩《はん》」が単位でしたが、以後は「県」を単位に政治を行うことになりました。これを「廃藩置県《はいはんちけん》」と言います。

たとえば、私は香川県高松《たかまつ》市の出身ですが、ここは江戸時代は「高松藩」でした。それが廃藩置県で「高松県」になり、さらに周囲の地域とともに「香川県」になりました。

香川県はその後、今の徳島県や愛媛県の一部になったこともあります。全国が今のようになるには、少し時間がかかりました。

全国には現在、47の都道府県があります。このうち、県の名と県庁所在地の名を比べてみると、ふしぎなことに気づきます。

鹿児島県の県庁所在地は鹿児島市です。同じく、山口県は山口市、高知県は高知市。県名と県庁所在地の名が一致《いっち》しています。

一方で、茨城県の県庁所在地は水戸《みと》市です。同じく、愛知県は名古屋《なごや》市、宮城県は仙台《せんだい》市。こちらは、県名と県庁所在地の名が一致していません。高松市があるのも「高松県」ではなく「香川県」です。

これは、明治維新《いしん》のころ、新政府側に味方したかどうかによるちがいです。鹿児島・山口など、新政府側についた地域は、県庁所在地の名がそのまま県名になりました。一方、新政府に敵対したか、積極的に味方しなかった地域は、別の県名になったのです。例外もありますが、これは本当です。

昔からの地名を残してほしい

明治時代になってから、日本の市町村は何度も合併《がっぺい》をくり返してきました。それによって消えてしまった地名も多くあります。

平成時代にも各地で大合併がありました。私の出身地の香川県では、合併で「さぬき市」「東かがわ市」が新しく生まれました。

東かがわ市は、引田《ひけた》・白鳥《しろとり》・大内《おおち》の3町が合併したものです。この時、「大内」という地名はもう使わないことになりました。

でも、「大内」には長い伝統があります。平安時代の辞書でも、讃岐国《さぬきのくに》（今の香川県）に「大内郡」という地名が出ています。これがなくなるとしたら大事件です。

地元の人が運動した結果、「大内」も「東かがわ市大内」として残りました。大切な地名は、かろうじて守られました。

東京では、第二次世界大戦後、歴史ある「神田《かんだ》」「日本橋《にほんばし》」という地名が忘れられそ

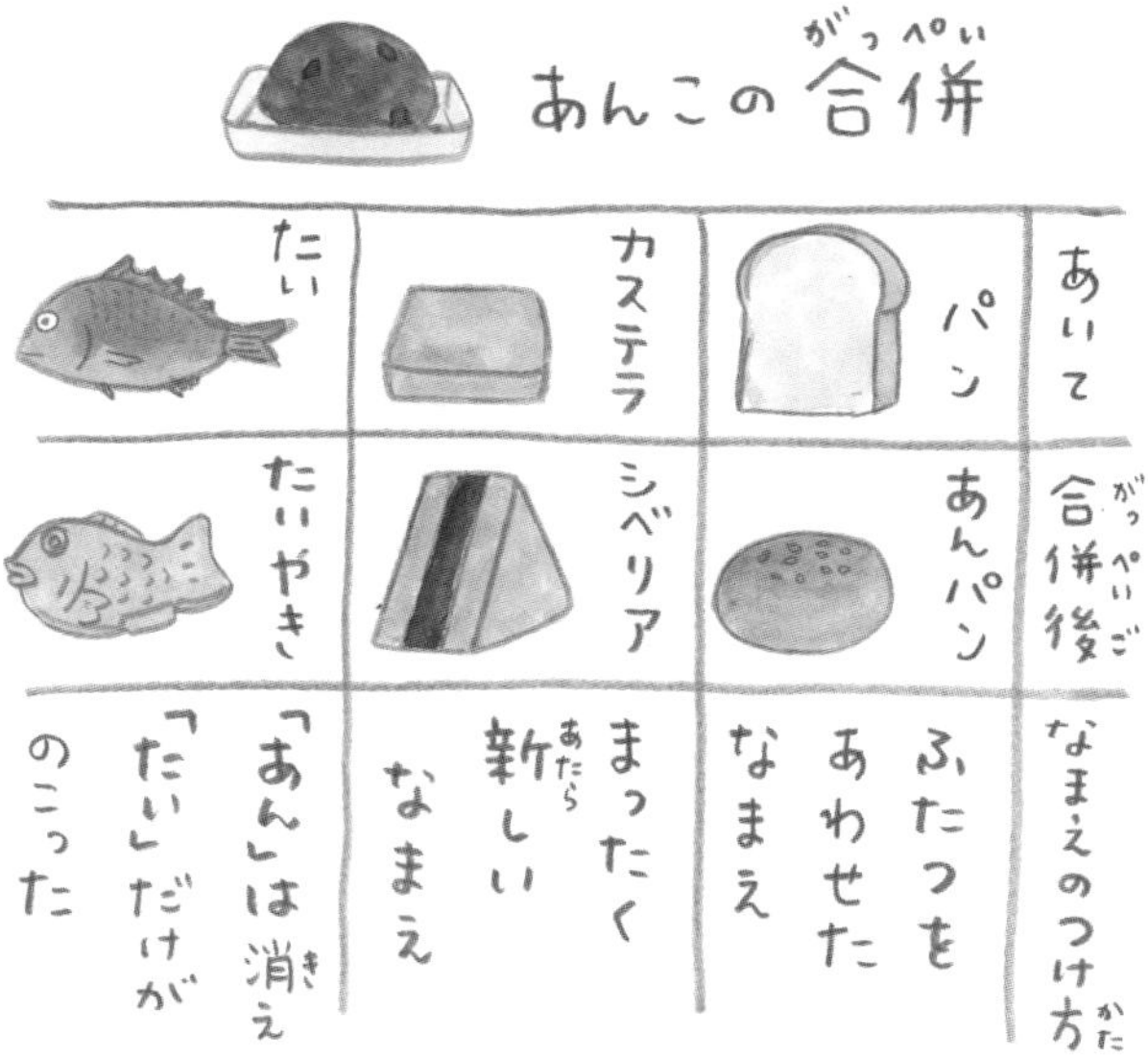
あんこの合併《がっぺい》
あいて
パン
カステラ
たい
合併後《がっぺいご》
あんパン
シベリア
たいやき
なまえのつけ方《かた》
ふたつをあわせたなまえ
まったく新《あたら》しいなまえ
「あん」は消《き》え「たい」だけがのこった

うになりました。それまでの「神田区」「日本橋区」が、それぞれ、ほかの区と合併して消えることになったからです。

この時も、地名を残すくふうをしました。今までの小川町《おがわまち》は「神田小川町」、箱崎町《はこざきちょう》は「日本橋箱崎町」などと、「神田」「日本橋」を最初につけることにしたのです。

地名はその地域の歴史を表します。合併はしかたないとしても、何かの形で古い地名を残す努力をしてほしいものです。「大内」「神田」「日本橋」の場合のように、方法はいくらでもあるはずです。

新聞では減った「ウグイス嬢《じょう》」

ウグイス嬢《じょう》っていいかたには、ワシもずっとモヤモヤしてたんや。嬢《じょう》いうたら女《おんな》の子《こ》やろ。ワシらウグイス、いい声《こえ》で「ホーホケキョ」って鳴《な》くのオスだけやからな。おかしいやろ……
ボヤくウグイスさん

選挙の時期になると、候補者の名前を書いた自動車が道路を走りつつ通行人に呼びかけます。「〇〇、〇〇をよろしくお願いします」と、候補者の名前をくり返します。

この自動車は「選挙カー」または「宣車」と言います。そして、車の中から候補者の名前のアナウンスなどをする人のことを「車上運動員」と言います。

車上運動員の女性を、俗《ぞく》に「ウグイス嬢《じょう》」と言うことがあります。ウグイスのようにいい声でアナウンスをする人、という意味です。男性は「カラスボーイ」とも言うそうですが、これはあまり聞きません。

「ウグイス嬢」はいつごろからある呼び名か、はっきりしませんが、1950年代の雑誌では、観光バスの中で案内をする女性を「ウグイス嬢」と言っています。また、有名な例としては、球場でアナウンスをする女性も「ウグイス嬢」と言います。

ただ、この呼び名には引っかかるところがあります。まじめに仕事をしている人をあだ名で呼ぶのは、いい態度ではありません。また、同じ仕事をしているのに、男女で呼び名がちがうのも、おかしなことです。

新聞でも、昔から「ウグイス嬢」という呼び名を使っていました。とてもよく使う新聞もありました。でも、最近は使う例が減っています。本人が使うならともかく、新聞記事なら、やはりきちんと「車上運動員」と書いたほうがいいでしょう。

「あわのような候補」なんて失礼

選挙で当選するのは大変です。大勢の人の協力が必要です。政党など大きな団体の人々に協力してもらえて、人気も高い候補のことを「有力候補」と言います。

一方、団体の支援《しえん》もなく、有名でもない候補は、当選するハードルがとても高くなります。よっぽどいい条件がそろわないかぎり、当選は難しそうです。

そんな候補を、昔は「泡沫《ほうまつ》候補」と呼ぶことがよくありました。「泡沫」とは「あわ」のこと。つまり、あわのようにすぐ消えてしまう候補ということです。

いくら何でも失礼ですね。現在、新聞などではふつう「泡沫候補」とは言いません。泡沫だと思って軽く見ていたら、みごと当選、ということもありうるからです。

失礼といえば、「浮動《ふどう》票」ということばもありました。これもかなり失礼です。

選挙では「○○党の人に投票する」と決めている人も多いのですが、「その時の様子で決める」という人もいます。そんな人の票を「浮動票」、つまり、水の上をゆれ動くような票、と言うことが多かったのです。

でも、投票する人は、気まぐれに投票しているとは限りません。考えた末、前回と別の人に投票したのかもしれません。

ひとつの党を支持しているわけではない人々のことを「無党派層」と言います。現在では、「浮動票」ではなく「無党派層の票」と呼ぶことが多くなりました。

「どぶ板」をふむ選挙とは？

選挙に出た人が行う選挙運動のスタイルはさまざまです。街角に立って演説するのは街頭演説。俗《ぞく》に「つじ立ち」とも言います。「つじ」とは十字路、道ばたのこと。昔は商売人がつじ立ちをして、品物を売っていました。

有名な候補者ならば、街頭演説だけで当選できるかもしれません。でも、もっと多くの人に自分をアピールしたいと思う候補者は、「どぶ板選挙」を行います。

昔は、住宅地などにも、下水を流すための水路が多くありました。これが「どぶ」です。このどぶに落ちないように、上を「どぶ板」でふさいでありました。

選挙で当選したい候補者は、住宅地にやって来て、住民ひとりひとりに支持を求めます。つまり、どぶ板をふんで歩くので「どぶ板選挙」というわけ。どぶが少なくなった今でも、この言い方は使われています。

さて、選挙で当選した政治家は、人々のために一生懸命《けんめい》働いてくれるはずです。政治

に熱心で、自分の財産まで使い果たす人を、昔は「井戸塀《いどべい》政治家」と言いました。
昔の住宅では、水を井戸からくみ上げていました。政治のために全財産を使ってしまい、後に残ったのは井戸と塀《へい》だけだった――。そんな人が「井戸塀政治家」です。
政治はお金を使えばいいというものではありません。ただ、自分の財産のことなど考えず、人々のためにつくしてくれる政治家が多くなればいいなあ、と思います。

国会で寝《ね》たり起きたりする？

また国会《こっかい》で
寝《ね》ちゃったよ…
みんなも
寝《ね》よう
カレーもひと晩《ばん》
寝《ね》かせ
よう

国会議員は、日本の国をよくする決まりを作るのが仕事です。法律の案や予算の案などが出されると、それをめぐって、国会で何度も審議《しんぎ》（話し合い）を行います。

その審議の時、議員たちが「寝《ね》る」ことがあります。仕事が多くて、つかれているのかな。そういうことではありません。

国会は、政権をにぎる与党《よとう》と、それ以外の野党から成り立っています。野党が与党の出した案に「賛成できない」と考えたときなどに、審議をまったく拒否《きょひ》することがあります。これが「寝る」です。

誤解されそうですね。ある国会議員がSNSで「予算委員会、寝てはいけない」と発言しました。すると、「つかれたんだったら退場して休むべきです」という反応がありました。その議員はすぐに気づいて「国会用語です」と説明しました。

「寝る」の反対は、もちろん「起きる」。与党と野党で相談して、「やっぱり話し合おう」と審議を再開することです。

「お経《きょう》を読む」ということばもあります。法律の案を出す時、提案者が「これはどんな法律か」と趣旨《しゅし》を説明することです。その説明が長いので、「まるでお経を読んでいるようだ」というわけです。

お経は一般《いっぱん》人には意味が分からないけれど、法律案の意味が分からない国会議員は困ります。議員のみなさんはよく聞いて、ぜひしっかり審議してください。

第3章 昔からの地名を残してほしい

国会で使う、変わった略語

政治のことばは分かりにくいものが多くあります。その中には、国会議員だけが使う変わった略語もたくさんあります。

たとえば「ヨリコン」「ヤリコン」。リモコンかエアコンみたいなものでしょうか。そうではなく、「与党《よとう》理事懇談《こんだん》会」「野党理事懇談会」の略です。与党・野党それぞれの理事たちが、委員会の日程などについて相談する会のことを言います。

「ヒットーカン」というのもあります。野球でヒットをカーンと飛ばす……わけではありません。「筆頭理事間協議」の略。委員会の内容について、筆頭（代表）となる理事たちが話し合いをすることです。

そう言われてもぴんと来ない、という人も多いでしょうか。国会には「予算委員会」「○○委員会」など、多くの委員会があります。委員会をうまく進めるには、始まる前や途中に、あれこれ相談する必要があります。それをするのが「ヨリコン」「ヤリコ

ナッシュク①どう？
①夏休《なつやす》みの宿題《しゅくだい》
オオコマ②だよ…
②多《おお》くて困《こま》っている
ヤリコン③!!
③やりたいのは昆虫採集《こんちゅうさいしゅう》だけ

ン」「ヒットーカン」などの場なのです。

「シメソー」というのもよく使われる略語です。これは「締《し》めくくり総括《そうかつ》質疑」の略。さっき述べた予算委員会は、国の予算を決める重要な委員会ですが、その最後に、すべての大臣が出席して、締めくくりの会議を行います。これが「シメソー」です。

略語は大いに使ってけっこう。でも、どんな話し合いをしているか、その内容は分かりやすく説明してほしいですね。

総理大臣はなぜ「首相」？

大臣たちのトップに立って政治を行う「内閣総理大臣」。普通は、略して「総理大臣」「総理」と言いますね。テレビで記者が「総理、おはようございます」などと声をかけているのをよく聞きます。

「総理」のもともとの意味は、全体をまとめて管理することです。つまり、「総理大臣」は「全体のまとめ役の大臣」ということだと考えればいいでしょう。

総理大臣は、新聞などで「首相《しゅしょう》」と書かれることもあります。「○○総理大臣」「○○首相」は同じ人のことを指しています。なぜ「首相」なのでしょう。

「首」は「首位」「首席」のように「第1位、トップ」の意味があります。また、「相」は大臣の意味で使われます。トップに立つ大臣だから「首相」というわけです。

「相」は大臣の意味なので、外務大臣は「外相《がいしょう》」、法務大臣は「法相《ほうしょう》」などと言います。新聞では字数の節約になります。

面白いことに、外国の大臣を指すときは「外相」「法相」などと言うのが普通で、「外務大臣」「法務大臣」などとは、あまり言いません。また、外国の首相を「総理大臣」と言うことも、まずありません。

そんなわけで、テレビのニュースでは「(日本の)○○外務大臣が、A国の○○外相と会談しました」などと言います。どちらも外務大臣のことですが、ニュースではそれぞれ言い方が変わるのです。

「入道相国」ってだれのこと？

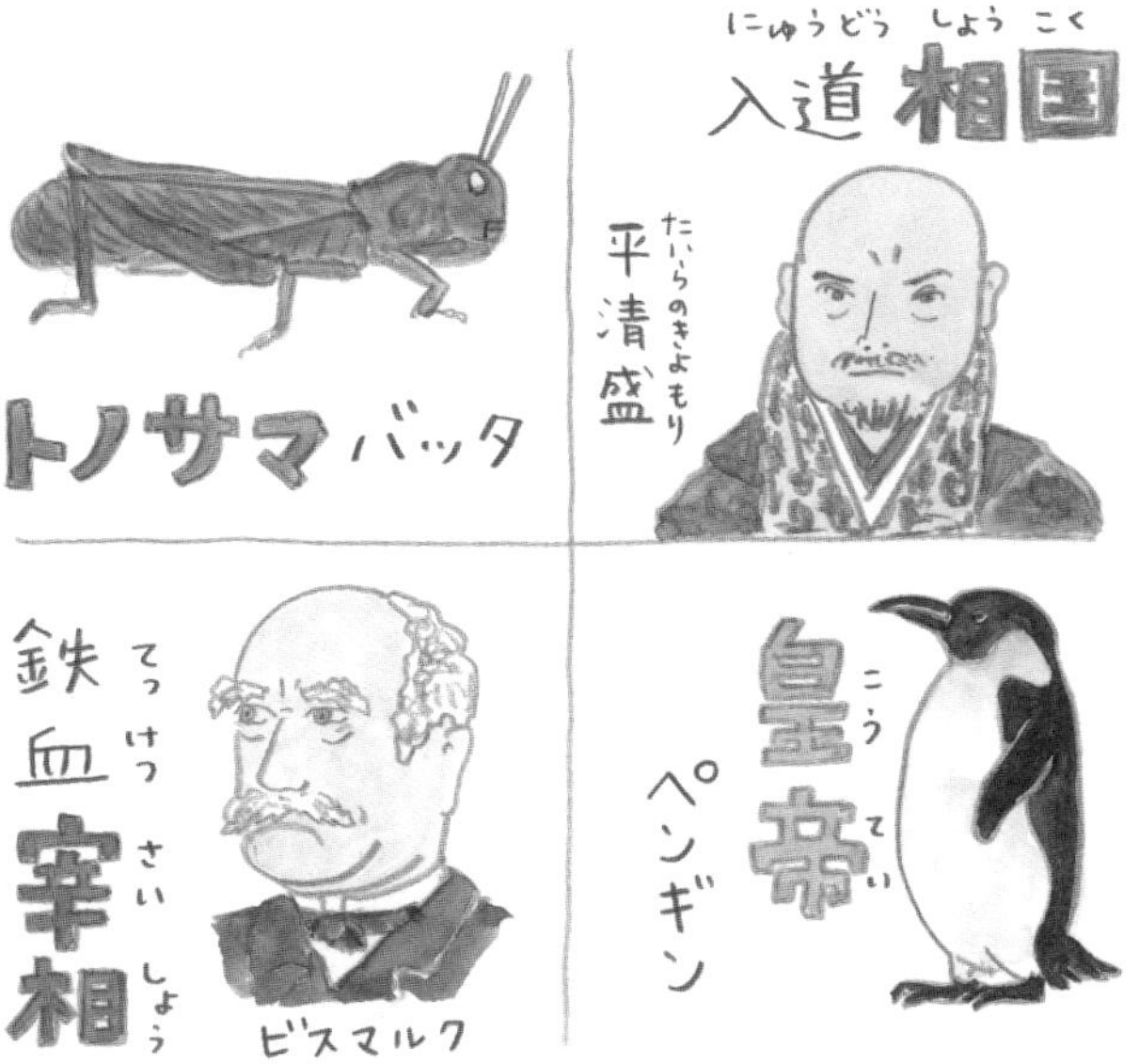

トノサマバッタ
入道相国《にゅうどうしょうこく》
平清盛《たいらのきよもり》
鉄血宰相《てっけつさいしょう》
ビスマルク
皇帝《こうてい》ペンギン

総理大臣のことを「首相《しゅしょう》」のほかに「宰相《さいしょう》」と言うこともあります。たとえば、すぐれた総理大臣は「名宰相」と言います。

大正時代の総理大臣・原敬《はらたかし》は「平民宰相」と呼ばれました。「平民」とは、特別な高い身分ではない人のこと。彼は、普通の身分から初めて総理大臣に選ばれた人です。

第二次世界大戦後に総理大臣になった吉田茂《よしだしげる》は「ワンマン宰相」と呼ばれました。ワンマン、つまり何でも自分で決めてしまうので、皮肉をこめて名づけられたのです。

この「宰相」は、もともと、昔の中国で皇帝《こうてい》を助ける、位の高い人を指しました。今は正式な役職名ではありませんが、総理大臣の別名として残っているのです。

大臣の古い呼び名はいろいろあります。たとえば「丞相《しょうじょう》」。この名前で特によく呼ばれる人がいます。だれか分かりますか。

それは、学問の神様・菅原道真《すがわらのみちざね》です。今では天満宮《てんまんぐう》にまつられていますね。歌舞伎《かぶき》では、「菅原の大臣」という意味で「菅丞相《かんしょうじょう》」の名前で登場します。

位の高い大臣は「相国《しょうこく》」とも言いました。「お坊《ぼう》さんになった大臣」の意味で、「入道《にゅうどう》相国《しょうこく》」と呼ばれた人はだれでしょう。

答えは、平清盛《たいらのきよもり》です。平安時代末期、源氏と平氏が戦ったころに、平氏をまとめていた人物です。この時代をえがいた「平家物語」では、「清盛」ではなく「入道相国」と書かれている場合がほとんどです。

地面は「じめん」？「ぢめん」？

「地面をけって走る」などというときの「地面」は、ひらがなではどう書けばいいでしょうか。「じめん」か「ぢめん」か。

学校では「じめん」と習います。「地」は「じ」と書くのが正しい。なーんだ、簡単に答えが出てしまいましたね。

でも、ここで「えっ、おかしいよ」と反論したくなる人は、考える力のある人です。

たしかに、変な気はします。「地」は「地球《ちきゅう》」「地理《ちり》」の場合には「ち」と書きます。それなら、「地面」も、「ち」に濁点《だくてん》をつけて「ぢ」と書くのが自然なのでは？　そう考えても無理はありません。

「鼻血《はなぢ》」の場合は、「はな＋ち→はなぢ」となったので、「血」は「ぢ」と書きます。また、「間近《まぢか》」は、「ま＋ちか→まぢか」なので、「近」は「ぢか」と書きます。「地面」も同じく「ち＋めん」ではないか？

それが、ちがうんですね。「地」という漢字には「ち」「じ」という2種類の音読みがあるのです。「鼻血」の「ち」のように、ことばの後にくっついて濁音《だくおん》になったわけではありません。もともと「ち」とは別の発音であり、「じめん」でいいのです。

ただ、ややこしいことに、第二次世界大戦以前は、今とは仮名遣《かなづか》いがちがっていました。昔の書き方では、「地」の音読みは「ち」と「ぢ」の2種類になります。それで、古い本を見ると、「地面」には「ぢめん」という仮名が振ってあるのです。

「中」が「じゅう」になるわけ

「世界中で愛されている作品」などと使う「世界中」も、ひらがなでどう書くか問題になります。あなたはどう書きますか。

大きな漢和辞典で「中」を引くと、音読みは「ちゅう・ちゅ」と書いてあります。「ちゅ」はひとまず置いて、「世界中」の場合は「ちゅう」がにごったわけだから、「ぢゅう」と書くのがいい気がします。

ところが、学校では「し」にテンテンで「じゅう」と習います。「世界じゅう」です。一体どういうことでしょう。

「ち」のつく音読みが、ことばの下に来てにごる場合、ふつうは「ぢ」と書きます。たとえば、「ちえ（知恵）」は、ことばの下に来ると「わるぢえ（悪知恵）」です。だったら「世界中」も「世界ぢゅう」では？

それが、「～中」だけは例外なんですね。仮名遣《かなづか》いのきまりは、第二次世界大戦後に改められました。その時、「～中」は「残らず」の意味であり、元の「なか」の意味とはなれているので、「じゅう」とされたのです。「家中《いえじゅう》」「一日中《いちにちじゅう》」も同じです。

えっ、納得《なっとく》できない？　たしかに、元の意味とはなれたからといって、「ちゅう」が「じゅう」になるのは変かもしれません。実際に、反対意見も多かったのです。

そこで、原則は「世界じゅう」とするものの、「ぢゅう」と書いても許される、と決められました。もっとも、今では「世界ぢゅう」と書く人は少ないと思います。

おしりの病気の仮名遣《かなづか》いは？

薬局で「ぢ」という看板や、はり紙を目にすることがあります。これは「痔《じ》」のこと。おしりの肛門《こうもん》のあたりの病気です。

この病気は仮名で「ぢ」と書くと思う人が多いはずです。でも、本当は「し」にテンテン。「じ」と書くのが標準です。現代仮名遣《かなづか》いでは、ことばの下に来てにごる場合でないと、「ぢ」「づ」は使いません。

では、なぜ薬局では「ぢ」と書いているのでしょう。まちがってしまったのか。そうとも言えません。第二次世界大戦が終わるまで、日本語の仮名遣いは今とちがっていました。昆虫《こんちゅう》の「ちょう」は「てふ」と書いたし、「学校」は「がくかう」でした。「痔」を「ぢ」と書くのも、昔の仮名遣い（歴史的仮名遣い）なのです。

昔の仮名遣いでは、「字」「寺」「自」などは、今と同じく「じ」と書いていました。一方、「地」「持」「治」などは、今とはちがって「ぢ」と書いていました。「痔」もまた、後者のグループの一員でした。

もともと、「じ」と「ぢ」の発音にはちがいがありました。「ぢ」は大昔は「ディ」と発音していました。「地」などの漢字も、大昔は「ディ」に近い発音だったので、ひらがなでは「ぢ」と書いたのです。

でも、後に「じ」「ぢ」の発音は同じになりました。わざわざ書き分けるのは難しい。それで、「字」も「地」も、そして「痔」も、今ではみんな「じ」と書くのです。

「稲妻」が「いなずま」とは!?

かみなり雲が現れたかと思うと、空にピカッとするどい光の筋。これが「いなずま」です。「いなびかり」とも言います。

漢字が好きな人は、この「いなずま」という仮名遣《かなづか》いに疑問を持つかもしれません。「いなずま」は漢字で「稲妻」。稲《いね》の妻《つま》と書きます。それなら、「つ」にテンテンで「いなづま」になるはずでは？

これはちょっと答えに困ります。たしかに、昔は「いなづま」と書いたのです。

秋になって、空にピカッと光の筋が走ると、田んぼのイネが実をつける（子どもができる）――そんなふうに、昔から考えられてきました。つまり、いなずまはイネの夫《おっと》なのです。

恋人《こいびと》や結婚《けっこん》相手のことを、昔は「つま」と言いました。今では、結婚した女性のことだけを「つま」と呼びますが、昔は男女とも「つま」と呼んでいました。イネの夫（＝

つま）だから「いなづま」です。

ところが、第二次世界大戦後になって、仮名遣いのルールが変わりました。空に走る光の筋がイネの夫だ、と意識している人は少ないので、「いなづま」でなく「いなずま」と書くようになったのです。

そんなこと言っても、「稲妻」という漢字を知っている人は「いなづま」と書きたいですよね。それで、原則は「す」にテンテンだけれど、「つ」にテンテンでも許されることになったのです。ただし、学校では「いなずま」と書くようにしてください。

早口ことばで口を動かす練習

むかし、飼《か》っていた3匹《びき》のカメに早口《はやくち》ことばの名前《なまえ》をつけました。
（実話《じつわ》です）
生麦《なまむぎ》
生米《なまごめ》
生《なま》たまご

私は大学でも授業をしています。長い休みのあと、学生の前で話を始めると、ことばをかみまくって、うまく話せません。

「これから最近の日本語について説明ひまひょう、いや、しましょう」

人間の手足も口も、しばらく使っていないと、なまってしまうのです。うまく話すには、日ごろから口を動かす練習が必要です。そのために役立つのが「早口ことば」です。

「赤巻紙《あかまきがみ》　青巻紙《あおまきがみ》　黄巻紙《きまきがみ》」

「生麦《なまむぎ》　生米《なまごめ》　生卵《なまたまご》」

　これをすらすら言えますか。どちらも「マ・ガ・ミ」「マ・ム・ギ」などガ行・マ行の音《おん》を交ぜています。「きまきがみ」を「きがきまぎ」、「なまむぎ」を「なまぐみ」などと言っているうちは、まだまだです。

「簡単だよ」という人も、別の早口ことばになると、言えなくなることがあります。

「向こうの竹垣《たけがき》になぜ竹立てかけた、竹立てかけたかったから竹立てかけた」

　こちらは「タ・ケ・テ・カ」がくり返し出てきて、とても言いにくいのです。私もつい「たけかけか」などと言ってしまいます。小さいころから苦手な文句です。

　早口ことばは、おたがいに変な言い方になるのを楽しむものです。でも、発声練習のための実用的な文句にもなります。自分は、どの音が入った早口ことばが苦手かを知って、よく練習しておくと、人前で話すときに緊張《きんちょう》しなくてすむかもしれません。

お茶たちょ茶たちょ、言える？

アナウンサーの方から「言いにくい地名」についてうかがったことがあります。いろいろある中で印象に残ったのは「マサチューセッツ州」。アメリカの州の名前です。練習しないでうっかり発音すると、「マサチューセッチュシュー」などと、おかしなことになってしまいます。

これは、「ツ」と「チュ」、「サ」と「シュ」のように、「ュ」のつく音《おん》とつかない音とがからみ合っているからです。

「ャ・ュ・ョ」のつく音のことを「ねじれ音」（拗音《ようおん》）と言うことがあります。ねじれ音と、ふつうの音（直音）とがからみ合うと、とたんに言いにくくなるのです。

早口ことばで同じような例を挙げるなら、やっぱり代表はこれでしょう。

「お茶たちょ茶たちょ、ちゃっとたちょ茶たちょ、青竹《あおだけ》茶せんでお茶ちゃとたちゃ」

意味は「お茶をたてよう、青竹の茶せん（茶をたてる道具）を使って、さっとたてよ

マチャチュ…
で
シャンシャン
があるんだって
…
おちついて
もう一回《いっかい》
言《い》って
みて。

（深呼吸《しんこきゅう》して
ゆっくり言《い》う）
マサチューセッツ州《しゅう》で
新春《しんしゅん》シャンソンショー
があるんだって。

う」ということです。単純ですね。

でも、発音は難しい。この文句は「チャ・チョ」というねじれ音と、「タ・ト」というふつうの音がからみ合っています。舌がいそがしくてしょうがないんですね。

私は、これを言えるようになるまで、ずいぶん練習した記憶《きおく》があります。アナウンサーのお手本を聞き、何度もまねしました。

もっとも、しばらく練習しないうち、また言えなくなったのですが。

武具馬具…が言いにくいわけ

早口ことばの中には、江戸《えど》時代またはそれ以前から伝わっていると考えられる文句が多くあります。次の文句もそうです。

「武《ぶ》具《ぐ》馬《ば》具《ぐ》武具馬具　三《み》武具馬具　合わせて武具馬具　六《む》武具馬具」

「武具」とは武士が戦《いくさ》の時に身につけるもので、よろいやかぶとのこと。「馬具」は馬につける「くら」などの用具です。

この早口ことばのうち、特に言いにくいのは「三武具馬具」「六武具馬具」のあたりです。思わず「みぐぶばぐ」「むぐぶがぶ」などと言ってしまいます。

言いにくい理由は、マ行の音《おん》の「ミ・ム」、バ行の音の「バ・ブ」が交ざるからです。発音してみると分かりますが、マ行の音もバ行の音も、くちびるをいったん閉じ、すぐに開いて出します。よく似ているのです。ただ、マ行のほうは発音が鼻にかかります。とても微妙《びみょう》なちがいなので、マ行・バ行をとっさに区別するのが難しいのです。

これとよく似た早口ことばがあります。

「カエルぴょこぴょこ　三《み》ぴょこぴょこ　合わせてぴょこぴょこ　六《む》ぴょこぴょこ」

かわいい文句ですが、これも江戸時代にはすでにあった早口ことばです。「武具馬具……」と共通する部分がありますね。

発音してみると、「ミ・ム・ピョ」はどれもくちびるを使います。しかも、「ヨ」の入っている「ピョ」は特に難しい。私は「みぽこぽこ」などと言ってしまいます。

「外郎売《ういろううり》」のすごい早口ことば

早口ことばの歴史は古く、奈良時代（8世紀）の「万葉集《まんようしゅう》」にも出てきます。

「よき人の　よしとよく見て
よしと言ひ《ィ》し　吉野《よしの》よく見よ
よき人よく見」（よい人がよいと思ってよく見て「よい」と言った吉野を君もよく見よ。よい人よ、よく見よ）

　これは「よき」「よし」のくり返しですが、そんなに言いにくくはないですね。

江戸《えど》時代中期（18世紀）になると、歌舞伎《かぶき》の「外郎売《ういろううり》」という作品に、たくさんの早口ことばが連続して出てきます。

「外郎」とは薬の名前。体にいいだけでなく、のむと舌がよく回るようになるそうです。舞台《ぶたい》に登場した外郎の売り手は、その薬をひとつぶのんでみせます。すると……。

「一《いっ》ぺぎへぎにへぎほしはじかみ」（うすくけずりにけずった、干したショウガ）

「盆豆盆米盆《ぼんまめぼんごめぼん》ごぼう」（お盆にのせた、豆や米、ゴボウ）

このように、早口ことばがどんどん出てきます。中には、これまでに紹介《しょうかい》した「お茶たちょ茶たちょ……」「武具馬具武具馬具　三武具馬具……」もふくまれています。

全部で数十の早口ことばが連続して出てくるこのせりふは、芝居《しばい》の見物客におどろきをあたえ、大評判になりました。

今でも「外郎売」のせりふは発音の練習に使われています（文句は少しちがう場合があります）。インターネットの動画にもあるので、あなたも練習してみては？

第4章

身の回りに流行語はあるか？

文字だけでなく絵でも伝える

人類が使っている文字は、おおもとをたどれば絵だったと考えられます。古代のエジプトやメソポタミア（現在のイラクを中心とした地域）で使われた文字を見ると、絵に非常によく似ています。

漢字の場合も、「川」は水の流れる形、「木」は樹木の形からできました。その後、漢字はだんだん複雑になっていきましたが、出発点は絵からできた文字でした。

ＡＢＣなどのアルファベットの先祖にあたる文字を見ると、やっぱり絵のような形をしています。たとえば、「Ａ」は雄牛《おうし》、「Ｂ」は四角い家の形から来ています。

文字ができてから、すでに何千年もたちました。でも、人々は絵を使って伝えることをやめたわけではありません。

パソコンやスマホが広まる前、１９８０年代ごろの若者たちは、友だちとさかんに手紙をやりとりしていました。その手紙の中で、いろいろな記号を使いました。

たとえば、「うれしい☆」「じゃあね♡」のように星やハートをかいたり、「なみだ」「あせ」の記号を使ったりしました。これらの記号を「絵文字」と言います。現在のパソコンやスマホでも使われていますね。

絵の力は偉大《いだい》です。気分やふんいきをそのまま表現できます。文字で何でも伝え合えるはずの現代でも、人々は新しい絵文字を作り出して、おたがいの気持ちや思いを伝え合っているのです。

パソコンでくふうした顔文字

１９８０年代、パソコン通信が広まりました。今のインターネットのように世界中を結ぶものではなく、限られた会員同士のパソコンを通信回線でつなぐものです。遠くの人と文章で会話できるようになったのはいいのですが、問題もありました。文章の中に絵を入れられなかったのです。

一番困るのは、顔が表現できないこと。手書きなら「心配しないで」と書いた後に笑った顔をかくこともできます。でも、当時のコンピューターでは不可能でした。

そこで、人々は記号を組み合わせて顔の絵を作りました。たとえば、英語を使う人々は、笑った顔を「:-)」、困った顔を「:-(」のように表現しました。横書きなので、実際《じっさい》には90度左にかたむいた絵になります。この絵を「スマイリー」と言います。

日本語を使う人々も、スマイリーより少し遅れて、記号で顔を作るようになりました。笑顔は「(^_^)」、泣き顔は「(T_T)」です。また、恥《は》ずかしいときは「(*^-^*)」、

おこったときは「(-_-#)」というように、非常にたくさんの表情の絵が生まれました。この絵のことを「顔文字」と言います。

顔文字のおかげで、文章の中でいろいろな感情を表現できるようになりました。コンピューターの機能がまだ十分でないころ、人々がくふうした「絵」でしたが、何十年もたった今でもよく使われています。顔文字はとても偉大《いだい》な発明でした。

「絵文字」は国際語になった

だれもがスマートフォン（スマホ）を手放せない時代です。このスマホの登場より前に一《いっ》般《ぱん》的だったのは、今で言うガラケー、細身の携帯《けいたい》電話でした。カタカナで「ケータイ」とも書きました。1990年代後半から2000年代にかけてのことです。

1990年代のケータイは、今よりも機能が限られていて、主に電話をしたりメールを送受信したりするのに使われました。メールでは、ふつうの文字のほか「(^_^)」などの顔文字も使われました。

でも、これではもの足りない。97年、日本のデジタルフォングループ（今のソフトバンク）が90種類の絵文字を作りました。記号を組み合わせた顔文字でなく、ちゃんとしたイラストです。笑顔や泣き顔のほか、楽器や動物、時計などの絵もありました。

絵文字の種類は増えていきました。何百、何千種類もの絵文字が使えるサービスも登場しました。ケータイでメールをやりとりするのがいっそう楽しくなりました。

今では、スマホのメールやSNSのメッセージで絵文字を使うのは当たり前です。絵文字は、日本の会社が最初に作りましたが、それが世界中に広まりました。「e《エ》m《モ》oj《ジ》i」は国際語になりました。

現在の絵文字は、コンピューターの文字に関するユニコードという国際的な規格で決められています。そのおかげで、日本語でも外国語でも同じ絵文字が使えるのです。

「アスキーアート」作ってみた

昔のパソコンでは絵を表示するのが難しかったので、記号を組み合わせて、いろいろな顔文字が生まれました。そして、さらにたくさんの記号を組み合わせることで、ユニークなイラストをかくこともできました。

一つ一つは簡単な記号でも、組み合わせると複雑な絵になります。たとえば、アニメのキャラや、かわいい動物のイラスト。こうしたイラストは「アスキーアート」（AA）と呼ばれます。「アスキー」とは、コンピューター用の文字コードの名前です。

21世紀に入ると、ネット掲示板《けいじばん》の「2ちゃんねる」で、さまざまなAAのキャラが有名になりました。「オマエモナー」が口ぐせの「モナー」というネコ、「ギコハハハ」と笑う「ギコ猫《ねこ》」などはその代表です。

AAは、顔文字と同じく1980年代にはもうありました。でも、だれにでも簡単に作れるわけではありません。もちろん、私も作ったことはありませんでした。

ところが、私のたずさわる『三省堂《さんせいどう》国語辞典』が、２０２２年の最新版（第８版）で「アスキーアート」ということばを説明することになりました。そこにＡＡの実例を入れることになりました。

私は一晩苦労して、「国語辞典を見ておどろく少年」のＡＡを自分で作りました。初めて作ったＡＡです。今まで文章を書くためだけに使っていた文字や記号で絵がかけるなんて、実にふしぎな気がしました。

五輪で広まったピクトグラム

街の中でトイレに行きたくなったとき、男性・女性のマークを見つけるとほっとします。もちろん、男子トイレ・女子トイレを表すマークです。最近はバリアフリーのトイレを表すマークも一般的《いっぱん》になりました。

トイレの男女のマークが一般的になったのは、１９６４年の東京オリンピック（五輪）がきっかけでした。

日本で初めて行われる五輪。いろいろな国や地域から訪《おとず》れる人々を案内するため、だれにでも分かるマークが必要でした。競技種目を示すマークのほか、トイレや救護所といった施設《しせつ》のマークも必要です。

特別に集められたデザイナーたちは、悩《なや》んだ末、一目で意味が分かる、優《すぐ》れたマークをたくさん作りあげました。このように、情報を分かりやすく伝えるマークのことを「ピクトグラム」と言います。

ピクトグラム自体は以前からありましたが、64年の東京五輪で初めて、簡単で美しいデザインのものが作られました。これが話題になり、その後の五輪でも新しい作品が作られました。2021年の東京五輪では、開会式の中で新作が披露《ひろう》されました。

ピクトグラムは、文字では伝わりにくいときに使われる、一種の絵文字です。今や、トイレのピクトグラムはみんなが分かります。一方、分かりにくいな、と思うものもたまに見かけます。ピクトグラムはこれからも改良が続けられていくことでしょう。

第4章 身の回りに流行語はあるか？

絵文字は「終助詞」に似ている

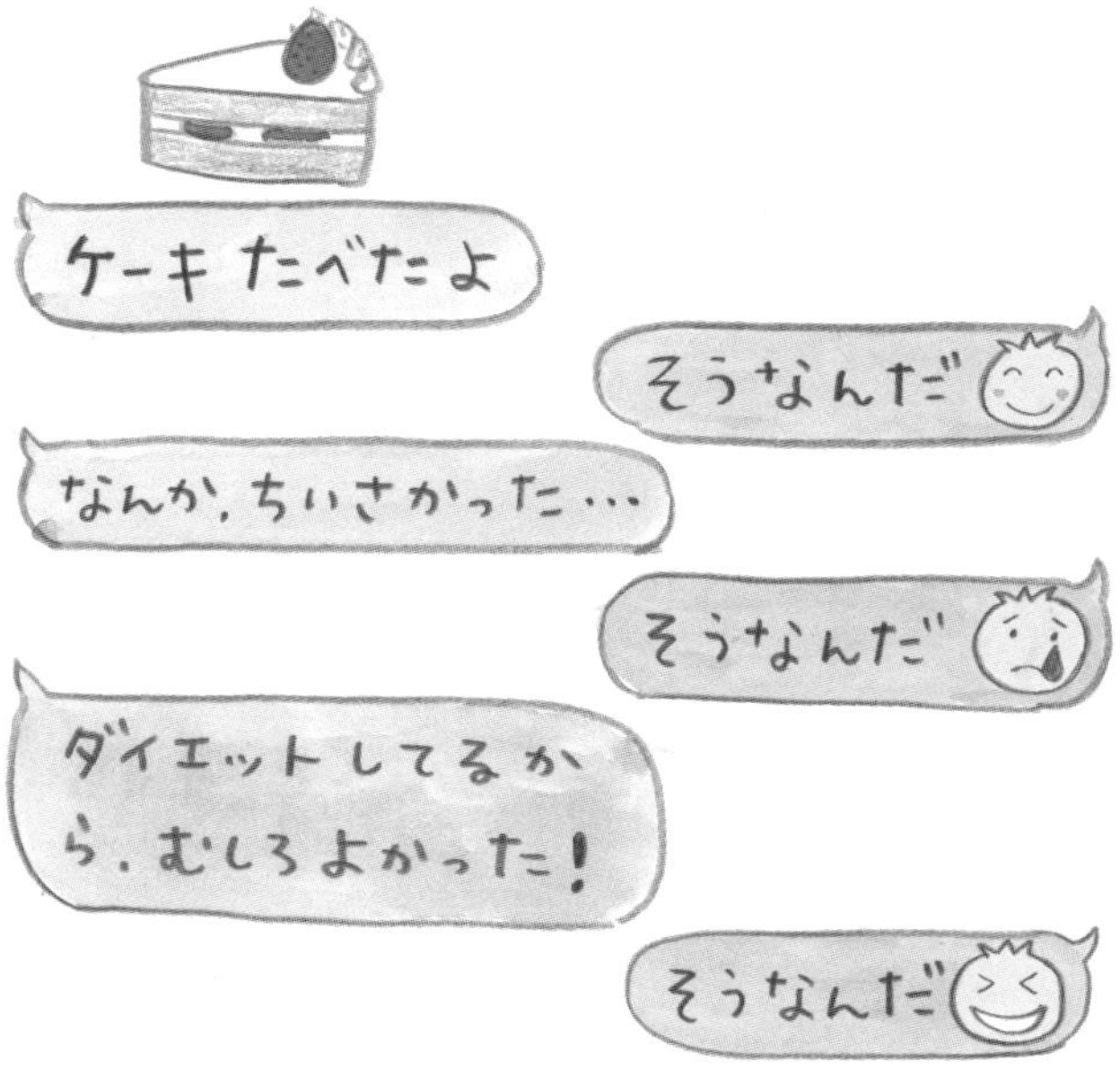
ケーキ たべたよ
そうなんだ
なんか、ちいさかった…
そうなんだ
ダイエットしてるから、むしろよかった！
そうなんだ

メールなどで使う絵文字は、だれでも自由に使えるはずです。でも、私たちは、知らず知らず決まった使い方をしています。

たとえば、待ち合わせの約束をするメッセージを友だちに送る場合。

「じゃあ、あした1時に」

この文のどこかに、笑った顔の絵文字を使いたいのですが、あなたならどこに使いますか。たぶん、最初でも途中《とちゅう》でもなく、最後につけ加えるのではないでしょうか。

「うん、分かった」

と、OKを伝える場合も同じです。親指を立てた形の絵文字などを、一番最後につけ加えるでしょう。

これはちょうど、「あした1時にね」の「ね」や、「分かったよ」の「よ」を、文の最後につけ加えるのと似ています。

「ね」「よ」「わ」など、文の最後で自分の気持ちなどを表すことばを「終助詞」と言います。「知ってるね」「知ってるよね」のように、終助詞を使い分けることで、自分の微《び》妙《みょう》な気持ちが表現できます。

気持ちを表す絵文字も、この終助詞と同じ役割を果たします。絵文字によって、終助詞だけでは伝えきれない、うれしさや悲しさなどを伝えることができます。

メールで使う絵文字は、最初は日本で広まりました。絵文字が日本語の終助詞の使い方と似ていたことも、日本で親しまれた理由ではないかと、私は考えています。

第4章 身の回りに流行語はあるか？

「シーン」を使い始めた人は？

まんがで「シーン」という文字に出合うことがあります。だれもいないときや、集まった人がみんなだまっているときなどに、この文字が現れます。

「シーン」は無音の状態を表します。何も音がしていないのに、「シーン」という音（？）が聞こえるのはふしぎですが、まんがでは昔からある表現です。

まんがの神様と言われる手塚治虫《てづかおさむ》は、この「シーン」について〈じつはなにをかくそうぼくが始めたものだ〉と書き残しています（『マンガの描き方』光文社知恵の森文庫）。

たとえば、「冒険《ぼうけん》ルビ」という作品では、東京の街に人がいなくなる場面で「しーいん」が出てきます。彼のまんがを英語に訳した人は、こういう表現は英語にできなくて、お手上げになってしまったそうです。

ただ、「シーン」ということば自体は昔からありました。宮沢賢治《みやざわけんじ》の「風の又三郎《またさぶろう》」には、〈みんなはしいんとなってしまいました〉という所があります。「しいんと」「し

ーんと」の形で使われていたのです。

さらにさかのぼれば、江《え》戸《ど》時代から「しんと」の形があります。今でも「しんと静かな真夜中」「雪がしんしんと静かに降る」などと使われています。

手塚治虫の功績は、このことばを作品に取り入れ、「シーン」という印象的な文字にしたことです。昔からのことばを新しい表現に生まれ変わらせたのです。

おどろいたときの「ガーン」

非常におどろいたり、強く感動したりしたとき、あなたはどんなことばを口にしますか。「えーっ」「おーっ」でしょうか。

私は1960年代の生まれですが、こういうときに「ガーン」と言うことがあります。私より若い人も「ガーン」を使います。でも、子どもはもう使わないでしょう。

「ガーン」は、まんがから広まった言い方です。もともとは、登場人物がおどろいたときなどに、背景に「ガーン」という文字が書かれていました。

「ガーン」が初めて使われたのは、野球まんが「巨人《きょじん》の星」（川崎《かわさき》のぼる作画・梶原一騎《かじわらいっき》原作）だと言われることがあります。66年から連載《れんさい》されたまんがで、たしかに「があーん」という文字がよく出てきました。

でも、実は、「巨人の星」よりも前から「ガーン」が使われていることが分かっています。たとえば、61年にえがかれた永島慎二《ながしましんじ》「少女マリ」というまんが。父親が仕事を失ったと知ったマリがおどろく場面に「ガーン」という文字が出てきます。

文章でも「ガーンと」という表現が昔からありました。夏目漱石《なつめそうせき》も〈時計の音ががあんと鳴る〉〈耳ががあんと鳴って来た〉と使っています。明治時代のことです。

そのうち、「ガーンと」は、たたかれたようなショッキングな気持ちに使われるようになりました。そして、まんがでおどろいたときなどの「ガーン」になったのです。

「ガビーン」も流行語になった

1960年代以降のまんがでは、おどろいたときに「ガーン」が使われることが多くなりました。みんながまねをして「ガーン」と言うようになりました。

でも、おどろくたび、いつも「ガーン」と言っていては、そのうち慣れてしまいます。それで、おどろいた様子を表すことばが、ほかにもいろいろ出てきました。

「宿題忘れた、ガビーン」

この「ガビーン」も、そのひとつです。やはりまんがから生まれました。75年、どおくまん作のギャグまんが「嗚呼《ああ》!!花の応援団《おうえんだん》」が連載《れんさい》開始になりました。大学の応援団をえがいた作品ですが、主人公たちは常識はずれで、しかも下品。それが人気を呼びました。

かれらがおどろくとき、最初は「ガーン」が使われました。でも、作者はそれでは不満だったのでしょう。途中から「がびーん」という文字が現れました。

私が調べたところ、76年に出た第3巻にはこの文字が登場していました。「ガビーン」はたちまち流行語になりました。私が小学生の時、友だちが使っていたと記《き》憶《おく》していますし、その後、小説で使われているのを見たこともあります。

今の若い人には、おどろいたときに使う特別のことばがない気がします。なぜでしょう。みんな上品になったのかな。新しいおどろき方を発明する人、いないでしょうか。

「あ」に濁点《だくてん》、どう発音する？

まんがの登場人物が「あーっ」とさけぶ場面などで、よく見ると「あ」の文字にテンテンが打たれていることがあります。テンテン、つまり濁《だく》点《てん》です。

ふつう、濁点のつく仮名は「が・ざ・だ・ば」の4行だけに限られます。「がんばる」「ごぞんじ」といった具合。カタカナではこのほかに「ヴ」があります。これは「v」を表しますが、日本語では「ブ」と同じように読んでかまいません。

では「あ」に濁点をつけた場合、どう発音すればいいのでしょう。正解はありません。ただ、のどからしぼり出すような、苦しい感じの声を出す人が多いですね。専門的に言うと、「声帯」という、のどの奥にある部分をしめつけたまま声を出します。「あ」だけではありません。まんがでは「え」「お」などにも濁点をつけます。「もったいない」の「も」に濁点がついたのも見たことがあります。やはりこれも声帯をしめつけて発音するのだと思います。

「あ」などに濁点をつけるようになったのは、1980年代ぐらいのまんがが同人雑誌からだったといわれます。90年代にはそれが広まって、多くの人が話題にしました。

今では、まんがに限りません。テレビでも、出演者の発言の字幕で「あ」などに濁点をつけています。SNSでも多くの人がこの表記を使っています。この調子なら、そのうち国語の教科書でも使われる、かも？

「目が点になる」もまんがから

おどろいたとき、あきれたとき、よく「目が点になる」と言います。大ショックを受けたというより、思わず固まってしまった感じでしょうか。その表情をイラストにするときは、本当に目を点でかきます。

私自身は、中学・高校生だった1980年代にこのことばを知りました。さだまさしさんの曲「恋愛症候群《れんあいしょうこうぐん》」(85年)には〈目が点になってため息ばかり〉という歌詞があります。さださんは81年の文章でも〈目が点になった〉と書いているそうです。

この「目が点になる」も、実はまんがから出たことばです。まんが家の谷岡《たにおか》ヤスジは、70年代ごろから数々のヒット作を発表していましたが、登場人物がおどろいたとき、目を点のようにかいたのです。

谷岡ヤスジ自身は、この表情に名前をつけたわけではありませんでした。でも、まんがを読んだミュージシャンなどが「点目」「目が点になる」と表現し、それが一般《いっぱん》の人

にも広まっていったのです。

「目が点になる」が国語辞典に収録されたのは、90年代の半ばからでした。少しおそかったんですね。『大辞林』『大辞泉』などの大きな辞書がのせ、ほかのいくつかの辞書ものせるようになりました。

今では、この言い方は「目が飛び出る」「目を三角にしておこる」などと同じく、ごく日常的になりました。今後は、どの国語辞典にものることでしょう。

顔に縦線が入ったことある？

まんがでは一種の記号を使って感情や動きなどを表現します。たとえば、頭の上にうかんだ電球は、名案がひらめいたことを表します。「点の形の目」で、おどろきやあきれを表すのも、まんがの記号表現です。

顔のおでこのあたりに、何本もの縦線を並べてえがくことがあります。これもまんがらしい表現です。おどろいたり困ったりして、顔から血が引いたときに使います。青ざめた色を縦線で表しているんですね。

顔に縦線を入れる表現は、おそくとも1970年代には一般《いっぱん》化していました。たとえば、少女まんがの傑作《けっさく》のひとつ、美内《みうち》すずえ「ガラスの仮面」でも、登場人物の顔にしばしば縦線が入っています。

多くの人がこの縦線を話題にするようになったのは、さくらももこ「ちびまる子ちゃん」がきっかけです。作品は80年代の後半から連載《れんさい》が始まりました。登場人物がおどろ

タテじまのユニホームの
チームが
3タテ
(3連敗《れんぱい》)
をくらって選手《せんしゅ》の
顔《かお》にタテ線《せん》が入《はい》った。
TORA

いたりパニクったりしたとき、顔にサーッと縦線が走るのが面白いのです。

やがて、若い人々は日常会話でも「縦線」を使うようになりました。「今朝はねぼうして、思わず顔に縦線が入った」「請求書《せいきゅう》の金額が高くて、顔に縦線が入った」などなど。まんがを元にした言い回しです。

顔に本当に縦線が入るわけではなく、おどろいたり困ったりした気持ちを表す慣用句として使われています。まだ国語辞典にはのっていませんが、私は注目しています。

まんがの記号はいつからある？

まんがの記号は種類が多くて面白いですね。何かを目立たせたいときは「集中線」というたくさんの放射状の線をかきます。また、人物や乗り物が走るときは「走行線」という平行な線を後ろがわに引きます。

昭和初期の人気まんが、田河《たがわ》水泡《すいほう》の「のらくろ」を見ると、集中線は使われていません。でも、犬たちが走る場面には走行線があります。歩く場面では、丸っこい土けむりが出てきます。何かにぶつかったときは「☆」の記号が現れます。今と似ていますね。

こういう記号のことを、今では「漫符《まんぷ》」と呼ぶようになりました。「まんがの符号《ふごう》」ということです。漫符は文字とは言えませんが、顔文字や絵文字と同じく、文字を助ける役目を果たします。「まんがのことば」と言ってもまちがいではないでしょう。

漫符の先祖は、昭和よりもずっと前、今から約900年前の平安時代末期にさかのぼります。動物たちをユーモラスにえがいた「鳥獣戯画《ちょうじゅうぎが》」を見てみましょう。

たとえば、ウサギを投げ飛ばしたカエルの口から、何かゆらめく線が出ています。これはさけびを表します。また、お坊《ぼう》さんの姿のサルの口からもゆらめく線が出ています。これはお経《きょう》を読んでいるのです。

「鳥獣戯画」はまんがではないと言う人もいます。でも、こんなふうに漫符を使っているところを見ると、この作品は平安時代のまんがだと、私には思われるのです。

「あーね」という相づち、使う？

相手の言うことに軽く賛成するとき、「あーね」という相づちを使うことはありますか。たとえば、こんなふうに。

「もうおそいから、家に帰らないと」

「あーね」

これは、「あー、なるほど、そうだね」といった意味です。強く賛成しているわけではなく、あいまいな言い方なんですね。

「あーね」は、「あー」と「ね」を合わせただけのことばです。でも、使われはじめたのは１９８０~90年代のこと。私からすると、ごく最近の話です。

私は89年ごろ、長崎県出身のまんが家の作品で「あーね」を見たことがあります。福岡県では若い人が使っていたそうです。

この「あーね」と似たような意味のことばが、ずっと昔にもありました。「なーる」

ということばです。

「なーる」は「なーるほど」の略。江戸《えど》時代から使われています。明治時代には、夏目漱《なつめそう》石《せき》の小説「吾輩《わがはい》は猫《ねこ》である」で、登場人物の苦沙弥《くしゃみ》先生が「なーる」とあいまいにうなずく場面がえがかれています。

「なーる」は、私の若いころ、昭和時代まではよく使われていました。でも、いつの間にか古くなってしまいました。

一方、「あーね」は、2010年代の半ばごろから、いっそう広く使われるようになっています。「なーる」は「あーね」に負けてしまったというわけです。

私には使いにくい「それな」

最近の相づちにも種類があります。「あーね」は「まあ、そうだよね」とあいまいに賛成する相づち。一方、もっとはっきりした相づちもあります。「それな」です。

「今週は宿題が多くて困るね」

「それな」

ここでは「本当にそうだよね」と相づちを打っています。実際の気持ちはそれほどでなくても、ことばは強い感じ。さらに強く言うと「ほんそれ」（本当にそれな）になります。逆に、もっと弱く言うときは「んな」「な」になります。

私がこの「それな」を初めて知ったのは、２０１４年のことでした。最近と言っても、わりと前からあることばですね。

最初は「それだ」という意味かと思いました。「あなたがほしいのはこれでしょう」と聞かれて「それな」と答えると、使い方がちがうと言われました。「そうだよね」の

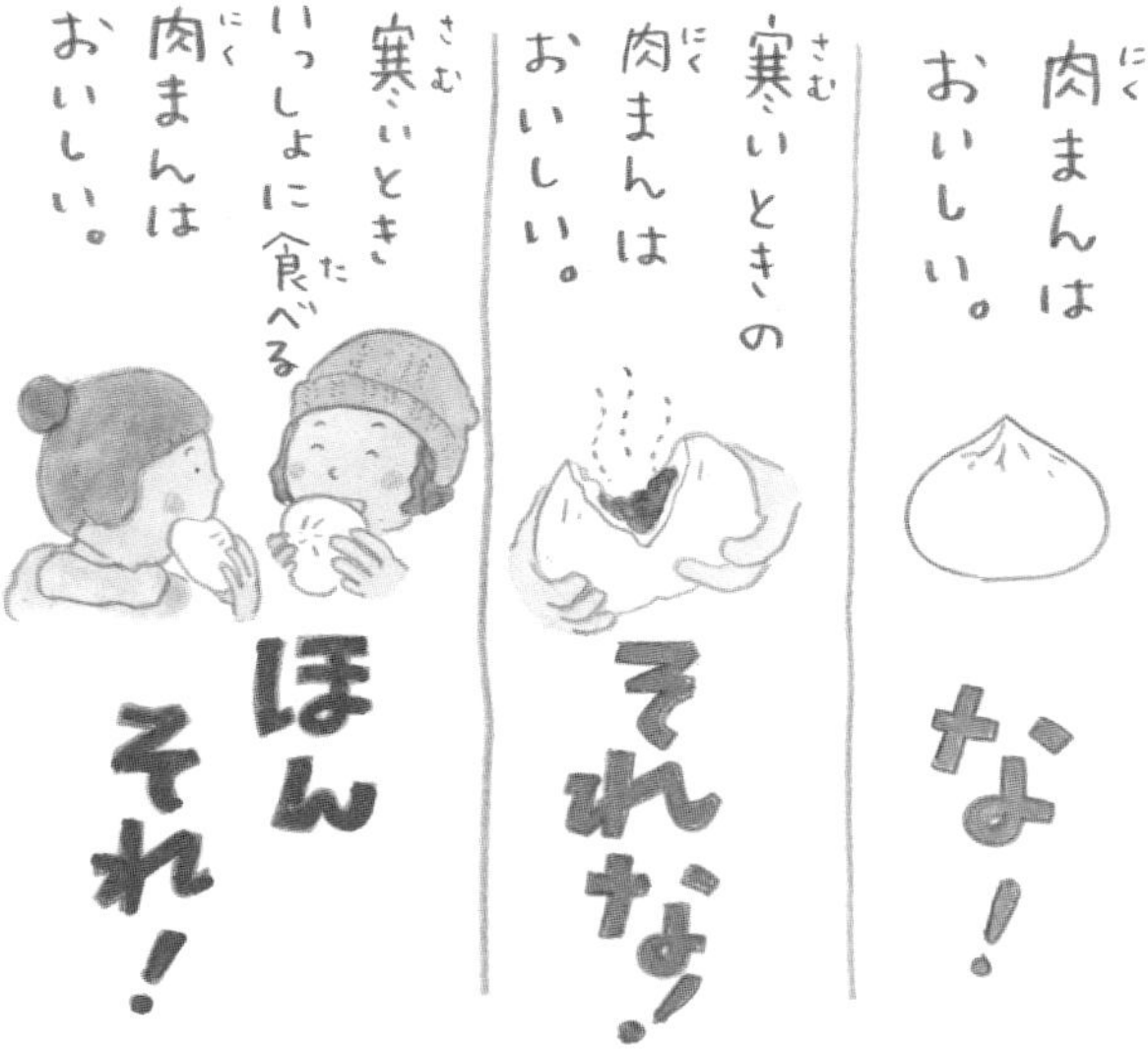
肉《にく》まんはおいしい。
な!
寒《さむ》いときの肉《にく》まんはおいしい。
それな!
寒《さむ》いときいっしょに食《た》べる肉《にく》まんはおいしい。
ほんそれ!

意味で使わなければなりません。

「そうだよね」の意味なのに「そう」でなくて「それ」と言うところが、私には使いにくかったのです。でも、似た言い方は昔からありました。たとえば、

「どこかへドライブ行きたいね」

「それだよね。ドライブいいね」

この場合、「そうだよね」という気持ちで「それだよね」と言っています。この「それだよね」「それだよな」を短く表現すると「それな」になるのです。

つい口ぐせになる「気まずい」

2022年に広まったことばのひとつとして印象深いのは「気まずい」です。特に、若い人たちの間で口ぐせのように使われるようになりました。

ある女性の話です。友だちが、SNSに自分の写真を公開していました。女性が「そのネイル、かっこいいね」とメッセージを送ると、「ありがとう。でも、もう新しいネイルに変えたんだよ」という返事。

「あっ、気まず……」

女性は思わず、そうつぶやきました。

「気まずい」は江戸《えど》時代からあることばです。だから、これ自体はめずらしくありません。私も次のように文章で使うことがあります。

「道で山下さんに『やあ、村田さん』と声をかけてしまい、気まずかった」

でも、若い人は、「気まずい」を「しまった!」「やばっ!」のように感動詞（その瞬《しゅん》

間《かん》の気持ちを表すことば）として使います。そこが新しいのです。しかも、そんなに気まずくないときでも、気軽に使います。

「気まずい」がみんなの口ぐせになった結果、それを変形させた「きまZ《ゼット》」ということばも広まりました。「Z」は「zu《ズ》」の一部を表記したものです。

日常生活で、小さな行きちがいはよくあるものです。いちいち「気まずい」なんて思わなくてもいいのに。でも、実はみんな、その気まずさを楽しんでいるのでしょう。

「一生食べてた」とは一体？

「一生」ということばは、大げさな言い方に使われます。

「ゲーム買って！　一生のお願い！」

一生で一番大切なお願いのはずですが、これが口ぐせになっている人もいます。

あるいは、ずっとテレビを見ている人をしかって言うこともあります。

「そんなに好きなら、一生見て

なさい」

もちろん、一生テレビを見続けることは不可能です。大げさに言っているのです。

最近、この「一生」に新しい使い方が加わりました。２０２１年ごろから、次のような言い方をする人が増えています。

「友だちとお祭りに行って、たこ焼きとかクレープとか、一生食べてた」

えっ、「一生食べてた」ということは、この人の一生はもう終わったの？

そうじゃないんですね。きのうやきょうの話でも、ずっと何かをやっていたら「一生」と言うようになりました。だから、

「きょうはねむくて一生ねてた」

こんな言い方もします。一体、ねてたのはきょう1日だけなのか、一生なのか？

そういえば、ずっと何かをすることを「永遠と」と言うことも多くなりました。たとえば、「友だちと永遠とアニメの話をしていた」というふうに使います。

これも大げさな言い方です。もとは「えんえんと話をしていた」で、「えんえん」が「永遠」に変化したのかもしれません。

食べて太ることは「罪」なの？

流行語というほどはっきりしていないものの、ばくぜんと「最近特に広まってきたな」と感じることばは、いろいろあります。

「ギルトフリー」ということばを聞いたことがありますか。英語で「ギルト」は罪のこと。「フリー」は、ここでは「〇〇がない」ということです。つまり、全体では「罪がない」という意味です。べつに変わったことばではないような気がしますね。

ただ、この「ギルトフリー」は、最近は、単に「罪がない」というだけでなく、ある特別の場合に使われています。

たとえば「ギルトフリーなお菓子《かし》」「ギルトフリーなスイーツ」。どういう意味でしょうか。食べてもそんなに太らない、罪悪感を感じないお菓子、ということです。

英語で「ギルトフリー」といえば、環境《かんきょう》を大切にして、また、原料を作る労働者を大切にして作った、よい食品を指す場合もあるそうです。でも、だいたいは「あまり太ら

ない」という意味で使われています。

そう、現代の人々にとって、太ることは罪なんですね。それで、日本語の商品名でも、あまり太らない食品という意味で「罪なき○○」と名づけたものがあります。

でも、太ることは本当に罪でしょうか。もちろん、太りすぎは健康によくないけれど、少しふっくらしても「罪」は言いすぎでしょう。今の私たちは、太ることを気にしすぎているのではないでしょうか。

「タイパ」を求める理由とは

あなたはインターネットの動画を見ますか。えっ、毎日見ている？　たくさん見ていると、時間が足りなくなりませんか。

動画は見たいけど、時間がないという人たちは、「タイパ」を考えるようになりました。「タイムパフォーマンス」、つまり「時間的な効率」という意味の和製英語です。特に２０２２年になって広まりました。

たとえば、映画を倍速で見る人がいます。見る時間が半分なので、タイパが向上――つまり、能率がよくなるのです。

タイパを求める人が多いため、劇場公開された映画などを、勝手に10分ぐらいに縮めて動画サイトに投稿《とうこう》する人も現れました。もちろん法律違反《いはん》です。裁判で有罪判決が出たというニュースもありました。

法律違反は別として、多くの人がタイパを求める気持ちは分かります。何しろ、面白《おもしろ》

い動画が、以前とは比べものにならないほど増えているのです。どんどん見ていかないと、とても間に合わない！

私自身は、せっかく動画を見るなら、ふつうの速度で見たいと思います。たくさんの作品を倍速で見るより、特に選んだ作品だけをじっくり見るのが私のスタイルです。

でも、そんな私も、読書のときは、ななめ読みですませることがあります。「あまり参考にならない」と思う本は、倍速で読んでしまいます。これもタイパ重視です。タイパは映像だけの話ではないのです。

「できるくない？」は関西から

21世紀になって少したったころ、関西の若者のことばを調べた研究者たちは、めずらしい言い方に気づきました。

「こんな問題、だれでもできるくない？」

テストが簡単で、「だれでもできるんじゃない？」と友だちに聞いているのです。「できるんじゃない？」が「できるくない？」になっています。関西の方言かな？

「くない」は、もともと「赤い」「美しい」など形容詞と呼ばれることばを否定《ひてい》するときに使われてきました。「赤い」を否定すると「赤くない」。「美しい」を否定すると「美しくない」になります。

ところが、若者たちは、それ以外の場合にも「くない？」を使い始めました。

たとえば、「行った」に「くない」をつけて「行ったくない？」。また、「事実」に「くない」をつけて「事実くない？」。それぞれ、「行ったんじゃない？」「事実じゃな

あっちから、だれか
来《き》たくない？
忍者《にんじゃ》くない!?
手《て》にもってるの…
「くない」くない？
↑忍者《にんじゃ》の使《つか》う道具《どうぐ》

い？」と聞いているのです。

　このような「くない？」は、最初は関西や福岡市で使われていることが知られていました。でも、2010年代になると、東京など全国で使われるようになりました。

　今では、「く」は「くない？」以外でもかなり自由に使われています。「できるようになった」を「できるくなった」、「ありそうに見える」を「ありそうく見える」など。さすがに不自然な気がしますが、10年後はもっと広まっているかもしれません。

「構文」のもともとの意味は？

2010年代の終わりから「おじさん構文」と呼ばれる文章が有名になってきました。LINEなどでおじさんが若い人に送ると言われる、なれなれしい文章のことです。

「○○ちゃん、おはよう！　きのうは、ねちゃったのかな？」

子どもに向かって書くような文章です。これにたくさんの顔文字や絵文字をつけて、「、」（読点《とうてん》）もいっぱい打つのが「おじさん構文」の特徴《とくちょう》だそうです。

「構文」とは、もともと文法の用語です。日本語の文には「○○が○○を○○する」のように決まった形があります。この形のことを「構文」と言います。でも、「おじさん構文」はこれとはちがい、「おじさん特有の表現」という意味です。

「○○構文」は、このほかにも増えてきました。たとえば、ナガノさんのまんが「なんか小さくてかわいいやつ」（ちいかわ）のキャラの口調をまねた表現は「ちいかわ構文」

と言います。「それって……〇〇ってコト!?」という表現が特徴的です。

22年の映画「シン・ウルトラマン」に出てくる外星人メフィラスは、「〇〇、私の好きなことばです」というのが口ぐせです。これは「メフィラス構文」です。

「〇〇構文」の種類は、まだまだ増えるでしょう。国語辞典には、文法用語の「構文」しかありませんでしたが、これからは新しい意味ものせる必要がありそうです。

悪人に変わってしまう「闇落《やみお》ち」

重大事件のニュースで、犯人の若いころを知る人が、「あんなにいい子だったのに……」と証言することがあります。

いい心を持っていた人が、何かのきっかけで悪くなってしまうことを、最近は「闇落《やみお》ち」（闇堕《やみお》ち）と言います。おそろしいひびきですが、とてもうまい表現です。

2021年、新潟市の農家が「闇落ちとまと」というトマトを売り出して評判になりました。果実の一部が黒く変化して、おそろしい外見になったものです。見た目は悪いけれど、実はあまいのだそうです。

調べてみると、「闇落ち」ということばの発生は、かなり前にさかのぼります。私は05年に使われた例を確認しています。

また、映画「スター・ウォーズ」のシリーズでは、「闇に堕ちる」という表現が出てきます。05年の「スター・ウォーズ　エピソード3／シスの復讐《ふくしゅう》」では「闇に堕ちた」

という字幕がありました。

最近では、22年のNHK大河ドラマ「鎌倉《かまくら》殿《どの》の13人」の主人公・北条義時《ほうじょうよしとき》が「闇落ちした」と話題になりました。最初は明るいキャラだったのに、権力争いの中で、おそろしい人物になってしまいました。

人間って、そんなふうに急に変わってしまうことがあります。でも、悪い変化ばかりではありません。悪かった人が、何かのきっかけで心を改めることもあります。これを「光落ち」と言うのだそうです。

「昔の新語」がよみがえる!?

10代から20代前半の人たちに「最近どんなことばを使いますか」とたずねた調査があります。その結果を見ると、意外に昔から使われていることばが多いのです。

たとえば、154ページでふれた「それな」。若い人がよく使いますが、私が初めて知ったのはずっと前、2014年です。

ほかにも、新語のようだけど、昔から使われていることばはあります。あせったとき、冷やあせが出そうなとき、あなたは「アセアセ」を使いますか。

「授業中に当てられてアセアセした」

この「アセアセ」も新語と思われていますが、実は1990年代からインターネットなどで使われていました。もしかすると、もっと古くからあるかもしれません。

また、疑問を表す「はにゃ?」という表現。タレントの丸山礼《まるやまれい》さんが使って、最近広まりました。これは、80年代、NHKの教育番組「おーい!はに丸」に登場する「はに

丸」が使っていたことばです。

今、「Y2K《ワイツーケー》ファッション」と言って、2000年ごろのファッションが再び流行しています。平成時代のグッズも注目され、「平成レトロブーム」が起きました。

だから、というわけではないでしょうが、昔の新語も、今の若者ことばとしてよみがえっています。ただ、それが昔の新語だと知らない人が多いのはふしぎです。

好きなものを示す「かわいい」

　1980年代のこと、若い女性の3つの口ぐせが話題になりました。「うっそー」「ほんとー」「かわいい」の3語です。彼女たちは「3語族」と言われました。
　人から何を聞いても「うっそー」「ほんとー」としか言わない。何を見ても「かわいい」としか言わない。「3語族」とは、表現力のとぼしさをからかった名前でした。

でも、若い女性が「かわいい」を愛用したのは、ほかの表現を知らなかったからではありません。彼女たちは、ことばの使い方をそれまでと変えて、新しくしたのです。

それまで、「かわいい」は、赤ちゃんや人形など、幼い感じのものに使うことばでした。でも、若い女性たちは、それだけでなく、お菓子《かし》や文房具《ぶんぼうぐ》、学校の先生など、自分が心を引かれるものすべてに「かわいい」を使い始めました。「かわいい」は、彼女たちの好きなものを示すことばになりました。

「何でも『かわいい』の一言ですませてはいけない。細かく使い分けなさい」と批判する人もいました。でも、「かわいい」は好みを示すマークです。マークは統一したほうがよく分かるのです。

いろいろなことばを使い分けることは大事です。一方、「かわいい」のように簡単なマークで分かりやすく示すことも必要です。何でも「かわいい」と言っているようでも、くわしく見ると、人それぞれ、何を「かわいい」と言うかはちがいがあるものです。

愛用された「をかし」「あはれ」

自分の気に入ったものを何でも「かわいい」と言う人が増えてから、もう何十年もたちました。グロいものでも「グロかわいい」とほめたりします。「かわいい」を使いすぎだと、批判する大人もいます。

でも、同じようなことは、大昔からありました。今から約1000年前、清少納言《せいしょうなごん》が書いた「枕草子《まくらのそうし》」には、「を《オ》かし」

ということばがくり返し使われています。

「をかし」には「心が引かれる」「いい感じだ」などの意味があります。「枕草子」では、気に入ったものを何でも「をかし」と表現します。ホタルが飛ぶのも、雨が降るのも、夕暮れにガンの群れが小さく見えるのも……。作品全体では、「をかし」はなんと５００回以上使われています。

また、同じころに紫式部《むらさきしきぶ》が書いた長編「源氏物語」でも、あることばがくり返し使われています。それは「あは《ワ》れ」です。

「あはれ」は「しみじみ感じる」などの意味があります。「源氏物語」は悲しい物語ということもあり、何かと言うと「あはれ」が使われます。全体で１０００回近くです。

でも、「使いすぎだ」と言う人はいません。

「をかし」や「あはれ」、そして「かわいい」などは、意味が広く、いろいろな場面で使えます。くり返し使われるのは自然です。作文では注意したほうがいいかもしれませんが、日常会話では、いつも愛用することばがあってもかまわないでしょう。

時代によって「愛用語」は変わる

昔、清少納言《せいしょうなごん》が愛用した「を《オ》かし」（心が引かれる）ということばのように、それぞれの時代の人々が、物の印象や気持ちなどを表すために愛用することばがあります。

1960年代には「かっこいい」が流行しました。「格好が整っている」というだけでなく、趣味や行動のしかたまでをふくめた魅力《みりょく》を「かっこいい」

と表現したのです。このことばは今でも使われますね。

80年代、「かわいい」を何にでも使うようになったことは、前に説明しました。21世紀に入ると「萌《も》え」が流行しました。かわいいもの、かっこいいものに心がときめくことです。アニメキャラやアイドルに「萌える」人が続出しました。21世紀の最初の十数年は「萌え」の時代でした。

「やばい」をいい意味で使うことが広まったのも21世紀になってからです。元は「危ない」の意味ですが、おいしいケーキ、かっこいい車など、自分が夢中になりそうで危ないものを「やばい」と言うのです。

2010年代には「エモい」が広まりました。心がゆさぶられる（エモーショナルな）気持ちです。「ドラマの展開がエモい」「エモい風景」など、日常的に使います。

みんなが愛用することばは、その時代のふんいきを作ります。くり返すとウザいかもしれませんが、楽しんで使っていいと思います。そして、なぜそのことばが愛用されるのか、考えてみるのも面白いでしょう。

ついついくせになる「やばい」

「やばい」が口ぐせになっている人がいます。何かあるとすぐ「やばい」「やばい」と言うので、「何がそんなに危ないの」と、相手は疑問に思うかもしれません。

「やばい」はもともと「危ない」の意味ですが、「すばらしい」という意味のほか、「危ないほど程度が大きい」と強調する意味も生まれています。「食欲がやばい」「今朝はやばい寒い」などは強調表現です。

ことばが強調の意味を持つようになることは、昔からよくあります。

たとえば、「おそろしい」は、本来は「おそろしい災害」のように、危険で体がふるえる感じを言います。そこから「(危険なほど)程度が大きい」の意味が生まれました。「おそろしく寒い」「おそろしく頭がいい」は、程度を強調しています。

「すごい」もそうです。1000年前は「恐怖《きょうふ》でぞっとする」の意味でした。「すごき夜《よ》」と言えば、風が強かったりして、ぞっとする夜《よる》ということです。それが、今では

「すごくよく分かる」「すごい（すごく）面白《おもしろ》い」のように、程度の大きさを強調することばになりました。

　程度を強調することばには、聞き手の注意を引きつける効果があります。口ぐせになってしまうのはそのためです。でも、強調の効果はしだいに薄《うす》れ、また新しい強調表現が生まれます。「やばい」もやがて、別の強調表現に取って代わられるでしょう。

うそじゃなく「まじ」なんだ

「すごい」「やばい」など、つい口ぐせになることばはいろいろありますが、「まじ」もその代表的な例と言えるでしょう。「まじ？」「まじか！」と、気がつけば使っている人も多いのではないでしょうか。

「まじ」は「本当」ということです。人と話をするとき、話の内容がいったい本当なのか、じょうだんなのかは大事な問題です。それで、おたがいに何度も使うんですね。

「まじ」は、実は江戸《えど》時代からあります。「まじめ」という意味で、「まじな人」「顔つきがまじになる」などと使いました。

現代では、「まじ寒い」などと強調表現にも使うようになりました。この場合にも「まじめ」の意味が残っていて、「私はまじめに言ってるんだ、これは本当のことなんだ」という気持ちが入っています。

「まじ」と似たことばに「ガチ」があります。これもまた「ガチで寒い」のように強調

表現に使われます。元は、すもうで「真剣《しんけん》勝負」を表す「ガチンコ」から来ています。それで、「ガチ」にも「真剣に、本当に」という気持ちがふくまれています。

日本語には、本当だと強調することばが多くあります。「実に」「まことに」「まさに」など。これはうそではない、と強調したくなるのは、話し手の自然な気持ちです。

最近は、「本気でねむい」「リアルにつかれた」などとも言います。「本当」を強調する表現は今も生まれているのです。

「かわちい」の「ちい」って何？

友だちとの会話などで「かわいい」を「かわちい」と言う人が増えてきました。アニメキャラを見て「かわちいなあ」とか、「かわちい洋服」とかいうふうに使います。「かわちい」はＳＮＳでは２０１０年代から例がありますが、23年になって急に多く使われるようになりました。若者の流行語ランキングでも上位に入っています。

どうして「かわいい」が「かわちい」になったのでしょうか。１文字だけのちがいですが、考えてみればふしぎです。

まず思いつくのが、ナガノさんのまんがの大人気キャラ「ちいかわ」です。「なんか小さくてかわいいやつ」の略ですね。「かわちい」という言い方にも「ちいかわ」が影《えい》響《きょう》しているかもしれません。

でも、それよりもっと影響していると思われることばがあります。「うれしい」「おいしい」などを、幼児は「うれちい」「おいちい」と言います。「かわちい」の「ちい」

かわちい
(2020年代《ねんだい》〜)
かわゆす
(2000年代《ねんだい》〜)
ぶさかわ
(2000年代《ねんだい》〜)

は、これを取り入れたのでしょう。

「うれしい」など「〇〇しい」がつくことばは、気持ちを表すことばが多いのです。「楽しい」「恋《こい》しい」「いとおしい」などもそうです。この「〇〇しい」を、幼児のように言うと「〇〇ちい」になります。

「かわいい」も、心からかわいいと思う、と強調するため、気持ちを表す「ちい」という語尾《ごび》を使ったのではないでしょうか。私はそんなふうに推理しています。

「草」は以前は何と言った？

小学校で流行していることばとして「草」を挙げる人がいます。「お金がなくて草」など、笑いを表すことばです。

「笑い」（warai）の頭文字「w」を横に続けて書くと草原のように見えます。そこで「草」と表現するようになったわけですね。「大笑い」は「大草原」です。

この「草」は、流行というより、すでに定着した表現です。私が初めてこの意味の「草」を知ったのは2010年代の初めでした。当時は「ウザいネット用語」という意見もありましたが、急速に広まりました。

笑いを表すネット用語は、それ以前にもありました。21世紀に入ったころ、ネットの掲示板《けいじばん》で「藁《わら》」という表記が見られました。「藁」は稲《いね》などのワラのこと。これを「笑い」の省略語として使ったのです。

一方、（笑）（「かっこわらい」と読む）という記号を使うこともあります。「そうでした

(笑)」など、よく見かけます。これはいつごろから使われているのでしょうか。

(笑)は歴史が古く、明治時代からありました。演説の内容を紹介する文章で、笑いが起こったことを(笑)と表現しています。その後、対談やインタビューなどの記事でも使われるようになりました。

やがて、1980年代になると、自分の文章の中で「すみません(笑)」などと書く人が増えました。これがネットで普及《ふきゅう》し、今でもよく使われているのです。

「ぴえん」が現れた理由は？

小学校の流行語には「ぴえん」もあると教えてもらいました。少し泣いている様子を表すことばですね。目になみだをためた絵文字とともに使うこともあります。

「ぴえん」は2010年代末から使われ始めました。最も流行したのは20年です。強調形の「ぱおん」もよく使われ、「『ぴえん』こえて『ぱおん』」とも言われました。

国語辞典を作る私たちは「今年の新語」というイベントを毎年行っています。20年にはこの「ぴえん」を大賞に選びました。「ぴえん」は今後も長く使われ、国語辞典にのってもおかしくないと考えたのです。

辞書にのってもおかしくない、というのは理由があります。「ぴえん」は、それまでになかった泣き方を表しているからです。

昔から、ひどく泣く様子を表すことばは多くあります。「わんわん泣く」「おいおい泣く」「びえーん」「号泣《ごうきゅう》」など。

また、声を出さない泣き方を表すことばも多いですね。「しくしく泣く」「めそめそ泣く」「うるうる」「しのび泣き」など。

でも、その中間の泣き方がありませんでした。「びえーん」のように強くはなく、でも少しだけ声を出す泣き方がほしい。そこに現れたのが「ぴえん」だったのです。

「ぴえん」は、以前のような激しい流行期は過ぎましたが、今でもＳＮＳなどで盛んに使われています。そして、もうすでに、いくつかの国語辞典にはのっています。

身の回りに流行語はあるか？

以前、『毎日小学生新聞』で「身の回りの流行語」を募集したところ、思ったほど応募がありませんでした。「うちのクラスでは、メディアで話題になるような流行語は使ってないよ」と思った人が多かったのかもしれません。

私が学生に「周囲で流行していることばはありますか？」と聞いても、ないと言う人が多いのです。「それな」（そうだよね）や「エモい」（心にひびく）などは使うけど、以前からあるし……と、困った様子。

でも、私が若い人から教えてほしいことばは、話題になりそうな流行語でなくてもいいのです。自分と友だちの間だけで通じることばや、みんながまねする先生の口ぐせ……。これらも立派な「流行語」です。

私の場合、たとえば、「ソクソク」ということばを使います。私が勝手に作ったことばで、運動のために近所の川べりを速く歩くこと、つまり「速歩」のことです。「もうソクソクに行く時間だ」などと言います。

テレビを見ていたら、ゲストの専門家が、「くり返しになりますが」ということばを何度もくり返していました。これも、この人にとっては「流行語」かもしれません。

メディアで話題にならなくても、自分たちがよく使っていることばは、気をつけているとけっこうあるものです。あなたも、自分や周りの人のことばを観察してみてください。そして、もし何か見つかったら、その時はぜひ、編集部にお便りをください。

おわりに

この本にのった文章は、『毎日小学生新聞』に連載中のコラム「日本語どんぶらこ」のうち、２０２１年6月24日付〜24年3月21日付紙面に掲載された分から、さらに選び出してまとめたものです。余裕がなくてのせられなかった文章は、また別の機会にまとめられたらいいな、と考えています。

これより以前の連載分も、『日本語をつかまえろ!』『日本語をもっとつかまえろ!』という本にまとまっています。よろしければ、こちらもご覧ください。

今回の本のタイトルには、コラムのタイトル「日本語どんぶらこ」を入れました。「なぜ『どんぶらこ』なのですか?」とよく聞かれます。それは、この連載でまず取り上げたのが「どんぶらこ」ということばだったからです。

「どんぶらこ」を「モモの流れる様子を表す専用のことば」と言う人がいます。でも、調べてみると、ほかの使い方もあります。それは『日本語をつかまえろ!』に書きました。どんなことば、どんな日本語も、調べてみると面白いものです。

　連載では、毎日新聞の担当記者、田嶋夏希《たじまなつき》さん、真田祐里《さなだゆり》さん、西田佐保子《にしださほこ》さんにお世話になりました。今回本にまとめるにあたっては、毎日新聞出版の藤江千恵子《ふじえちえこ》さんに大いに助けていただきました。

　この連載は、ライターでイラストレーターの金井真紀《かないまき》さんと二人三脚《ににんさんきゃく》で続けています。私の文章がおくれて、金井さんにご迷惑《めいわく》をおかけすることもしばしばです。それなのに、金井さんはいつも可愛《かわい》らしくてユーモラスな、見事なイラストをえがいてくださいます。本書でもその魅力《みりょく》を大いに感じていただけることでしょう。

　お世話になった方々、そして、お読みくださったあなたに、心から感謝申し上げます。ぜひまたお会いしましょう。

飯間浩明

著者紹介

飯間浩明

1967年、香川県生まれ。国語辞典編纂者《へんさんしゃ》。『三省堂国語辞典』編集委員。国語辞典の原稿を書くために、新聞や雑誌、放送、インターネットなどから新しいことばを拾う毎日。街の中にも繰り出して、気になる日本語の採集を続ける。おもな著書に『辞書を編む』(光文社)『日本語をつかまえろ!』『日本語をもっとつかまえろ!』(ともに金井真紀との共著、毎日新聞出版)『つまずきやすい日本語』(NHK出版)『日本語はこわくない』(PHP研究所)などがある。

金井真紀

1974年、千葉県生まれ。文筆家、イラストレーター。「多様性をおもしろがる」を合い言葉に世界各地で人の話を拾い集めて、文や絵にしている。おもな著書に『世界はフムフムで満ちている』(ちくま文庫)『はたらく動物と』(ころから)『パリのすてきなおじさん』(柏書房)『子どもおもしろ歳時記』(理論社)『おばあちゃんは猫でテーブルを拭きながら言った　世界ことわざ紀行』(岩波書店)『テヘランのすてきな女』(晶文社)などがある。

日本語《にほんご》どんぶらこ　ことばは変《か》わるよどこまでも

印　刷　2025年2月20日
発　行　2025年3月5日

文　飯間浩明《いいまひろあき》
絵　金井真紀《かないまき》
発行人　山本修司
発行所　毎日新聞出版
〒102-0074 東京都千代田区九段南1-6-17千代田会館5階
営業本部　03(6265)6941
図書編集部 03(6265)6745

装幀・本文設計 坂川朱音
印刷・製本　中央精版印刷

ISBN978-4-620-32827-0